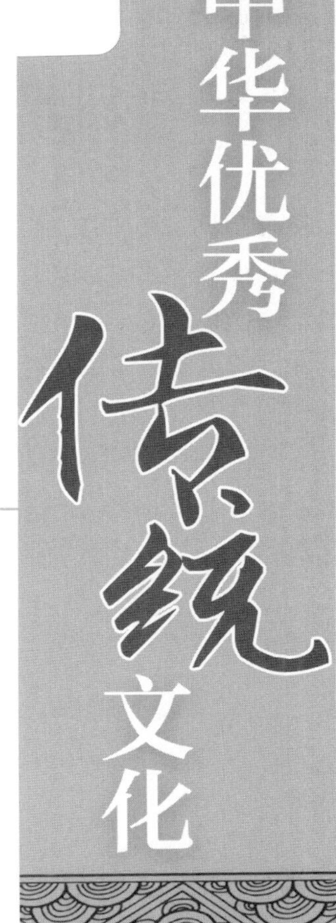

学习指导与实践

Zhonghua Youxiu Chuantong Wenhua
Xuexi Zhidao Yu Shijian

第二册 广东卷

主　编　黄　志　许实霖

副主编　林悦真　张　梅　吴洁璇
　　　　蔡立宏

参　编　寿丽君　魏奇彬　马　芬
　　　　曾乐琪　王晓珊　印德超
　　　　梁芙蓉　安新德

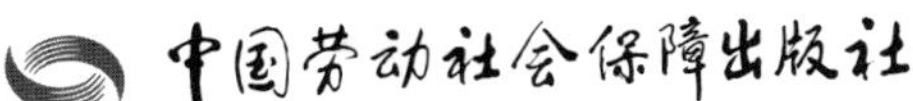

图书在版编目（CIP）数据

中华优秀传统文化学习指导与实践．第二册，广东卷 / 黄志，许实霖主编．-- 北京：中国劳动社会保障出版社，2022

全国技工院校文化系列教材

ISBN 978-7-5167-5414-6

Ⅰ．①中… Ⅱ．①黄… ②许… Ⅲ．①中华文化－技工学校－教材 Ⅳ．① K203

中国版本图书馆 CIP 数据核字（2022）第 153729 号

中国劳动社会保障出版社出版发行

（北京市惠新东街 1 号 邮政编码：100029）

*

北京市白帆印务有限公司印刷装订 新华书店经销

787 毫米 × 1092 毫米 16 开本 9.5 印张 179 千字

2022 年 10 月第 1 版 2022 年 10 月第 1 次印刷

定价：19.00 元

营销中心电话：400-606-6496

出版社网址：http://www.class.com.cn

http://jg.class.com.cn

前　言

“唯有精神上达到一定的高度，这个民族才能在历史的洪流中屹立不倒、奋勇向前。”中华文化源远流长、灿烂辉煌。在5 000多年文明发展中孕育的中华优秀传统文化，代表着中华民族独特的精神标识。今天，技工院校的学生正在技能之路上不断前行；未来，他们会在技能的舞台上一展雄姿，成为适应世界科技革命和产业变革的高技能人才。世界形势风云变幻之下，中国的高技能人才不仅需要熟练掌握技能，还需要具备深厚的人文素养、拥有做中国人的底气和自信。因而，学习中华优秀传统文化就变得十分有必要。中华优秀传统文化是中华文明的智慧结晶和精华所在，是中华民族的根和魂。我们从中汲取营养，必能在文化激荡中站稳脚跟。

中华优秀传统文化需要在书本中获得，也需要在活动和实践中内化。“中华优秀传统文化学习指导与实践”系列就是让学生在学习完中华优秀传统文化相关知识后，一步一步引领学生在练习与实践中内化真知。

结合学生的认知规律，我们确定了中华优秀传统文化的内化过程：初步体悟—实践感知—体悟升华。具体到每课来说，“初步体悟”环节深度解析了“中华优秀传统文化”系列中“含英咀华”部分的选文，从重难点字词注音与注释、作者生平与写作背景介绍、选文朗诵等几个维度“扶一扶”学生，辅助学生完成知识巩固与文化的初步体悟；“实践感知”环节呼应了“中华优秀传统文化”系列“博观约取”“源远流长”“谈古论今”等部分的内容，又做了适度发挥和超越，旨在通过录制小视频、拍摄情景剧、组织辩论赛、当众去演讲、实地去调研、充当小导游等诸多学生们喜爱的活动形式，引导学生在活动中、在参与中完成实践探索和心灵体悟；“体悟升华”环节将“中华优秀传统文化”系列“含英咀华”部分的选文做成了字帖，力求让学生们在描红的时候静下来、慢下来，在眼、手、脑、心的“合奏”下将已学、已做、已感受之内容“熔”为己物，完成体悟的升华。借助“中华优秀传统文化学习指导与实践”系列，学生获得了文化的熏陶，在动手、动嘴、动脑、动心中自觉完成了文化吸收和文化浸润，以上这些，终将外化为具有文化素养的个体行为。

本套广东卷为“中华优秀传统文化学习指导与实践”系列之一，由广东省一线骨干教师执笔，共分四册。单册设四个单元，分别是百工之艺、处世之道、哲人之思、民俗之情，各册相同。每单元包含四课，每课一个主题。全书秉承“中华优秀传统文化学习指导与实践”系列的设计理念，以学生为中心、以活动为载体、以能力为本位，引导学生在自主探究中领悟“百工之艺”单元能工巧匠技术背后的真谛，体会“处世之道”单元先贤们总结出来的处事原则和方法，分析“哲人之思”单元伟大的哲人们传授给我们的看待世界的方式和自我价值的认定模式，沐浴“民俗之情”单元给予我们的礼俗洗礼。

大道至简，知易行难，知行合一，得到功成。希望技工院校的学子们能够在学习和内化中华优秀传统文化的过程中完成文化自信的重塑，站在先人的肩膀上继续投身于永不止步的自我完善之中、投身于民族的伟大复兴之中，成为真正的高技能人才，收获有分量的人生！

目　录

百工之艺

第一课　粤园萃艺

一、声声入耳

扫二维码，听朗诵录音。参考注释，体会诗文中蕴含的思想感情。

花香风里听笙（shēng）歌[1]——佛山梁园（节选）

朱千华

入梁园，经部曹[2]第、祠堂[3]、宅第[4]、刺史[5]家庙，入二道门，为群星草堂。群星草堂建筑群由草堂、客堂、秋爽轩、船厅、回廊组成。此处建筑层次分明、轻盈通透。岭南庭院构景，因场地所限，造园时以置石、凿池、栽植、筑亭、穿廊等小品来组织。

群星草堂是岭南庭园的代表之作。最引人注目者，莫过于石庭。此石庭与其他园林石山景有根本区别。其他园林石景，皆为叠山。而此梁园石庭，多为一石成形，独石成景，随性、自然。摈（bìn）弃[6]石块积压堆砌，也省却石头纹理对接，以及形状比照磨合之过程，不求恢宏气势，而求石之神态韵味，以小见大，表现山川之雄奇。这在中国园林史上极罕见。

传梁园奇石最多时，达四百多块。园中石景以苏武牧羊、童子拜观音、妆台、宫舞、追月、倚云等最为著名。景石间以竹木，绕以池沼。石庭中古木参天。即便炎热夏日，石庭中依然荫风阵阵，凉气袭人。

古木蕴秀，庭园幽深。梁园植物，倍添庭园之毓（yù）秀。两处园林都入画，满庭兰玉尽能诗。园中四季常青，佳果盈枝。常见者有杧果、荔枝、龙眼、波罗蜜、番石榴、水蒲萄、芭蕉、阳桃等数十种岭南佳果。

另有香草，葱郁依然。计有桂花、九里香、米兰、含笑、鹰爪兰、美人蕉等灌丛花卉，与高大树木形成高矮错落景致。既造成庭园凉爽气候，又与大面积绿水荷池、松堤柳岸互为配景，漏日无隙，堪称梁氏植物园。

【注释】

1. 笙歌：指合笙之歌，此处泛指奏乐歌唱。

2. 部曹：中国古代中央政府的职能机关。汉代尚书分曹治事，魏晋后，六部各司仍有称曹的，至明清时期，各部司官便通称部曹。当时梁九华官至大理寺主事，又称部曹，故其府第又称部曹第。

3. 祠堂：在封建宗法制度下，同族的人共同祭祀祖宗或先贤的庙堂。

4. 宅第：住宅（多指较大的）。

5. 刺史：古代官名。原为朝廷所派督察地方之官，后成为地方官职名称。

6. 摈弃：排斥，抛弃。

野烟千叠，渔唱一声——余荫山房（节选）

朱千华

余荫，桑竹垂余荫。由正门入内，过门厅，迎面是一砖雕[1]照壁[2]。步入山房，可见两墙之间，植夹墙竹。竹之于园林，自古为造园之必选植物。李渔说过，种树欲其成荫，非十年不可，最易活者莫如杨柳，求其荫可蔽日，亦须数年。惟[3]竹不然，移入庭中，即成高树，能令俗人不舍，不转盼[4]而成高士之庐[5]。竹子在园林造景艺术中疏密有致，或单片成景，或与山石、水景、花窗、粉墙等互为配景，无不相宜。余荫山房于墙间植翠竹，别有新意，可避墙壁之单调与寂寞。夹墙翠竹，倚墙翠蔓姿丰，新篁叶探出花墙，把一缕春曦（xī）[6]，扯入苑中。

穿竹径，便到山房的花园门。首先见到的是门上的一副名联，红底黑篆，为山房故主邬彬所撰，名士陈允恭题写。联曰：

余地三弓红雨足，

荫天一角绿云深。

这是嵌字[7]联，鹤顶格[8]。首两字即为余荫。余地者，意为地方小，边角料的意思。三弓，那三箭之地。古称一箭为百步，三弓约三百步。在这样一个小小的不起眼的地方，却有红花妖娆，满庭花雨，一个足字，让人感觉满目所见，皆是盈盈花意，嫣然百媚。此外，园中深柳堂有百年老藤一株，俗称炮仗花。顾名思义，其花列成串，红黄色，垂挂树头，像串串鞭炮，炸成一片，给人们带来吉祥和喜庆。

山房。南村一带，多丘陵山地。邬氏取园名为山房，别有深意。山房者，本意是山中

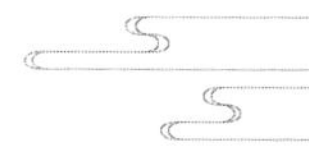

房舍，后来渐渐成为归隐之居的代称。许多宦海沉浮者，最后都产生归隐之心，常筑别墅于隐蔽处，结庐在人境。多取名山房，不显眼，不张扬，心境淡泊。

【注释】

1. 砖雕：指在砖上雕刻形象、花纹的艺术，也指用砖雕制成的工艺品。

2. 照壁：中国古代房屋庭院的一种附属建筑，是一面巨大的遮挡式墙体。也叫照墙、影壁或照壁墙。

3. 惟：同“唯”，单单，只是。

4. 转盼：转眼，形容时间短促。

5. 高士之庐：高士，指志趣、品行高尚的人，多指隐士。庐，简陋的房屋。

6. 春曦：春天的阳光（多指清晨的）。

7. 嵌字：将选定的字通过与其他字词的搭配组合而专门嵌在联中合适的位置上。

8. 鹤顶格：对联中嵌字联的一种，又称冠头格、凤顶格、丹顶格、顶头格、藏头格等。是把要嵌的字嵌在上下联开头的位置，就像仙鹤头顶上的一点红。

二、朗朗上口

在了解诗文背景的基础上，借助标记符号朗诵诗文。参照相应的朗诵录音，不断提升自己的诵读水平。初期可以跟随录音诵读。

1　花香风里听笙歌——佛山梁园（节选）

【作者生平】

朱千华，江苏如皋市搬经镇人。著名散文家。自2006年6月开始，行走于各地，进行岭南田野考察。现旅居广西南宁，从事岭南文化研究工作。已出版《奔跑的原野》《水流花开：南方草木札记》《岭南田野笔记》等作品。2002年，获首届孟郊散文奖；2006年，散文名篇《那些销魂荡魄的声音》荣获首届朱自清文学奖。

【写作背景】

《雨打芭蕉落闲庭：岭南画舫录》是一部关于岭南古典园林文化的随笔集，本文即是其中一篇。作者朱千华选择岭南古典名园数十处，从岭南古典园林的历史、结构、意境、特色诸多角度，全面解析了岭南古典园林独特的秀丽景观与精神意涵，给读者以审美享受、想象空间和人文熏陶。作者文辞密丽，气象典雅，让读者仿佛行走于苍茫的百越大地，跟着作者一起寻找岭南人独特的精神个性，以及其对于园林独特的审美视角。

【朗读指导】

略。

2　野烟千叠，渔唱一声——余荫山房（节选）

【作者生平】

略。

【写作背景】

略。

【朗读指导】

略。

三、娓娓道来

1. 岭南地区形成了具有地域特色的岭南文化。这一地区的园林艺术也融江南园林的秀丽典雅与北方园林的雍容雄浑于一体，具有鲜明的地方特色。请结合教材“博观约取”中的《岭南园林造园艺术》，查阅相关资料，总结岭南园林的特色，填写下表。

信息汇总表

<table>
<tr><td rowspan="5">岭南园林
造园艺术</td><td colspan="2">岭南园林</td><td>具体体现</td></tr>
<tr><td>典型特征</td><td></td><td></td></tr>
<tr><td>地方特色</td><td></td><td></td></tr>
<tr><td>显著特征</td><td></td><td></td></tr>
<tr><td>审美意趣</td><td></td><td></td></tr>
</table>

2. 南越王朝、南汉王朝、明清时期及近代，是岭南传统园林艺术迅速发展的时期。虽然在这四个历史时期中，人们造园的侧重点有所不同，但每个时期大规模的园林兴建，都使园林艺术登上了一个新台阶，取得了新突破。这些造园活动，为岭南人创造自己的园林风格奠定了基础。请结合教材“源远流长”部分所介绍的岭南园林沿革，说说在不同历史时期岭南有哪些代表性园林，并选择其中自己较为了解的园林向同学们做介绍。

3. 中国的园林艺术源远流长，文化内涵深厚，风格鲜明独特，和欧洲等地的园林有所不同，其被认为是最能代表中国传统文化的艺术形式之一。岭南四大园林，包括佛山市顺德区的清晖园、佛山市禅城区的梁园、广州市番禺区的余荫山房和东莞市的可园，是岭南园林的代表。请查阅相关资料，整理概括这四大园林的主要特征，并选择其中一座园林，了解园林中的传统工艺，给同学们做详细介绍。

四、跃跃欲试

（一）实践目标

岭南园林艺术是中国传统造园艺术的三大流派之一，早已形成了独特的风格。同学们通过实地参观园林并查阅相关资料，可以走近岭南园林艺术，了解岭南园林的历史沿革，增强文化自信。

（二）实践过程

1. 查阅资料，了解具有代表性的岭南园林有哪些、当地特色的园林有哪些。选择其中之一，收集相关图文资料，做成“岭南园林探寻之旅”的宣传文本。

2. 根据实际情况，到当地具有代表性的园林进行实地参观，了解园林的历史文化、传统工艺、艺术特色等，并拍摄照片或视频。

3. 整理所收集的照片、视频等图文资料，制作成“岭南园林探寻之旅”小视频或者PPT。举办“岭南园林探寻之旅”分享会，在班级分享实践成果。

4. 可以自由组成不超 5 人的小组共同完成任务，也可 1 人独立完成。

（三）实践成果

1. “岭南园林探寻之旅”宣传文本。

2. “岭南园林探寻之旅”小视频或者 PPT。

3. 参加“岭南园林探寻之旅”分享会。

五、款款临风

请完成以下字帖描红。

花香风里听笙歌

——佛山梁园（节选）

朱千华

入梁园，经部曹第、祠堂、宅第、刺史家庙，入二道门，为群星草堂。群星草堂建筑群由草堂、客堂、秋爽轩、船厅、回廊组成。此处建筑层次分明、轻盈通透。岭南庭院构景，因场地所限，造园时以置石、凿池、栽植、筑亭、穿廊等小品来组织。

群星草堂是岭南庭园的代表之作。最引人注目者，莫过于石庭。此石庭与其他园林石山景有根本区别。其他园林石景，皆为叠山。而此梁园石庭，多为一石成形，独石成景，随性、自然。摒弃石块积压堆砌，也省却石头纹理对接，以及形状比照磨合之过程，不求恢宏气势，而求石之神态韵味，以小见大，表现山川之雄奇。这在中国园林史上极罕见。

传梁园奇石最多时，达四百多块。园中石景以苏武牧羊、童子拜观音、妆台、宫舞、追月、倚云等最为著名。景石间以竹木，绕以池沼。石庭中古木参天。即便炎热夏日，石庭中依然荫风阵阵，凉气袭人。

古木蕴秀，庭园幽深。梁园植物，倍添庭园之毓秀。两处园林都入画，满庭兰玉尽能诗。园中四季常青，佳果盈枝。常见者有杧果、荔枝、龙眼、波罗蜜、番石榴、水蒲萄、芭蕉、阳桃等数十种岭南佳果。

另有香草，葱郁依然。计有桂花、九里香、米兰、含笑、鹰爪兰、美人蕉等灌丛花卉，与高大树木形成高矮错落景致。既造成庭园凉爽气候，又与大面积绿水荷池、松堤柳岸互为配景，漏日无隙，堪称梁氏植物园。

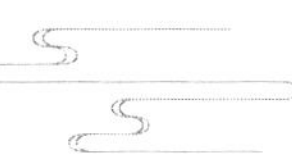

野烟千叠，渔唱一声

——余荫山房（节选）

朱千华

余荫，桑竹垂余荫。由正门入内，过门厅，迎面是一砖雕照壁。步入山房，可见两墙之间，植夹墙竹。竹之于园林，自古为造园之必选植物。李渔说过，种树欲其成荫，非十年不可，最易活者莫如杨柳，求其荫可蔽日，亦须数年。惟竹不然，移入庭中，即成高树，能令俗人不舍，不转盼而成高士之庐。竹子在园林造景艺术中疏密有致，或单片成景，或与山石、水景、花窗、粉墙等互为配景，无不相宜。余荫山房于墙间植翠竹，别有新意，可避墙壁之单调与寂寞。夹墙翠竹，倚墙翠蔓姿丰，新篁叶探出花墙，把一缕春曦，扯入苑中。

穿竹径，便到山房的花园门。首先见到的是门上的一副名联，红底黑篆，为山房故主邬彬所撰，名士陈允恭题写。联曰：

余地三弓红雨足，

荫天一角绿云深。

这是嵌字联，鹤顶格。首两字即为余荫。余地者，意为地方小，边角料的意思。三弓，那三箭之地。古称一箭为百步，三弓约三百步。在这样一个小小的不起眼的地方，却有红花妖娆，满庭花雨，一个足字，让人感觉满目所见，皆是盈盈花意，嫣然百媚。此外，园中深柳堂有百年老藤一株，俗称炮仗花。顾名思义，其花列成串，红黄色，垂挂树头，像串串鞭炮，炸成一片，给人们带来吉祥和喜庆。

山房。南村一带，多丘陵山地。邬氏取园名为山房，别有深意。山房者，本意是山中房舍，后来渐渐成为归隐之居的代称。许多宦海沉浮者，最后都产生归隐之心，常筑别墅于隐蔽处，结庐在人境。多取名山房，不显眼，不张扬，心境淡泊。

第二课　潮厝富丽

一、声声入耳

扫二维码，听朗诵录音。参考注释，体会诗文中蕴含的思想感情。

望族[1]营造[2]屋庐，必建立家庙[3]，尤加壮丽[4]。其村坊市集，虽多茅舍[5]竹篱[6]，而城廓(kuò)[7]中强半皆高闬闳(hàn hóng)[8]、厚墙垣(yuán)[9]者。三阳[10]及澄[11]、饶[12]、惠[13]、普[14]七邑[15]，闾阎(lǘ yán)[16]饶裕[17]，虽[18]市镇亦多鸟革翚飞[19]。家有千金，必构书斋[20]，雕梁画栋，缀以池台竹树[21]。民居辄[22]用蜃灰和沙土筑墙，地亦如之，坚如金石，即遇飓风摧仆(pū)[23]、烈火焚余，而墙垣卓立无崩塌者。界[24]过惠州、嘉应，虽间有之，然不及潮州远甚。

——节选自乾隆年间《潮州府志》

【注释】

1. 望族：有名望、有地位的家族。
2. 营造：经营建造。
3. 家庙：祭祀祖先和先贤的场所。
4. 壮丽：宏壮而美丽。
5. 茅舍：屋顶用茅草、稻草等盖的房子，大多简陋矮小。
6. 竹篱：竹子围成的篱笆院墙。
7. 城廓：指内城的墙，也泛指城市。
8. 闬闳：住宅的大门。
9. 墙垣：墙壁。
10. 三阳：古代的海阳、潮阳、揭阳。
11. 澄：澄海。
12. 饶：饶平。
13. 惠：惠来。
14. 普：普宁。
15. 邑：县的别称。

16. 闾阎：古代里巷的门，泛指民间。

17. 饶裕：富饶丰裕。

18. 虽：即使。

19. 鸟革翚飞：旧时形容宫室华丽。出自《诗经・小雅・斯干》。

20. 书斋：书房。

21. 池台竹树：水池、亭台、竹子、树木。

22. 辄：总是，就。

23. 仆：放倒，推倒。

24. 界：地界。

潮汕乡村聚落[1]四周青山绿水，修竹[2]掩映[3]，一棵棵榕树树身粗大，盘根错节、绿叶婆娑[4]、苍茂挺拔，宛如一柄柄巨伞舒张在乡村中的一栋栋白墙灰瓦之上。在这里人们一跨出门槛就能碰面，长幼路遇彬彬揖让[5]，巷头厝里诵读之声琅琅[6]，老人在这乘凉、驻足；冬天这里可晒太阳，品工夫茶；夏天可纳凉，弹奏潮州弦诗[7]。溪边、池旁常常安有石步级，每天清晨，女人们聚在一起洗衣，交头接耳，细说世间俗事。这种向内的团聚空间在潮汕乡村是人们日常生活的集结点，在这里活动的人们感到悠闲、祥和，感到邻里亲近，从而极易产生归属感、认同感，进而建立向心秩序和邻里观念。俗语“金厝边（邻居），银亲戚”[8]讲的就是这个方面的内容，人们能在一个样和、温馨，充满着邻里亲情的乡村生活，使潮汕人聚族而居的观念得到强化。

——节选自蔡海松《潮汕民居》

【注释】

1. 聚落：人类按照生产和生活的需要而集聚定居的各种形式的居住场所，包括房屋建筑群，以及与居住有关的各种生活设施和生产设施。

2. 修竹：长长的竹子。

3. 掩映：遮蔽。

4. 婆娑：盘旋舞动的样子。

5. 揖让：作揖和谦让，是古代宾主相见的礼节。

6. 琅琅：清朗、响亮的声音。

7. 潮州弦诗：潮州音乐的一种。流行于广东潮州、揭阳、汕头一带。

8. 金厝边（邻居），银亲戚：潮汕俗语。指在自己的日常生活中，所发生的大大小小的

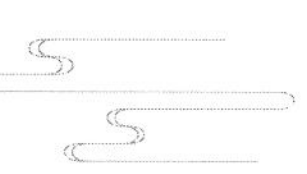

事情，能随时帮上忙的就是邻居。能帮上忙但是可能没法立即帮上忙的是亲戚和朋友。

二、朗朗上口

在了解诗文背景的基础上，借助标记符号朗诵诗文。参照相应的朗诵录音，不断提升自己的诵读水平。初期可以跟随录音诵读。

1 潮州府志（节选）

【作者生平】

周硕勋，字敦复，湖南长沙人。举人。乾隆十六年（1751）任广东廉州（今广西合浦）知府，乾隆十八年（1753）捐俸在还珠书院旧址建海门书院。乾隆二十一年（1756）调任潮州。乾隆二十六年（1761）仲春，续修府志，至次年冬始竣事。

【写作背景】

《潮州府志》从南宋至今，已经有多个版本。乾隆年间的《潮州府志》在历代《潮州府志》的基础上编撰而成，成书 42 卷，分 36 门，皆由周硕勋纂定。主要记载潮州乃至粤东一带的历史沿革、政治和军事情况，以及民情风俗。

【朗读指导】

潮州府志（节选）

望族｜营造屋庐，必｜建立｜家庙，尤加｜壮丽。其村坊市集，虽｜多茅舍竹篱，而城廓中｜强半｜皆高闬闳、厚墙垣者。三阳及澄、饶、惠、普七邑，闾阎饶裕，虽｜市镇｜亦多鸟革翚飞。家有｜千金，必构｜书斋，雕梁画栋，缀｜以池台竹树。民居｜辄用蜃灰和沙土筑墙，地｜亦如之，坚如金石，即遇｜飓风摧仆、烈火焚余，而墙垣卓立无崩塌者。界｜过惠州、嘉应，虽间｜有之，然｜不及潮州远甚。

2 潮汕民居（节选）

【作者生平】

蔡海松，1955 年生于广东汕头。著名民俗摄影家。蔡海松在目睹潮汕大批传统建筑遭受自然界的摧残、人为的破坏，许多构件被拆下卖到外地后，开始对潮汕传统建筑进行拍摄和研究。蔡海松几十年如一日地拍摄记录潮汕传统建筑，出版有《潮汕乡土建筑》《潮汕民居》等书籍。摄影作品被博物馆、院校等地方收藏。2002 年，其作品《建筑上的潮州木雕》荣获由联合国教科文组织和中国民俗摄影协会联合主办的第三届国际民俗摄影“人类贡献奖”年赛文献奖。

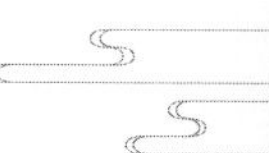

【写作背景】

《潮汕民居》从潮汕民居建筑的角度展现了潮汕文化的风貌和精髓。全书以文字为主、图片为辅，共计九大部分，分别讲述了潮汕民居建筑形成的历史、建筑结构与特征，以及有关习俗和讲究。本文就是其中的节选，本文主要介绍的是潮汕民居“聚族而居”的建筑结构及特点。

【朗读指导】

略。

三、娓娓道来

1. 教材“博观约取”里介绍了潮汕民居。潮汕民居特点鲜明，具有很高的美学价值。请查阅资料，阐述潮汕民居的建筑风格，完成下表（此表可自行扩展）。

建筑风格汇总表

建筑风格	具体描述
类似于皇宫	民居建筑气派而不庸俗、淡雅而有韵味，具有浓郁的文化底蕴，在建筑格局和装饰工艺等方面都可以与皇宫相媲美，故自古就有“潮州大厝皇宫起”“京华帝王府、潮汕百姓家”之说
规模庞大	潮汕民居保留着唐宋世家聚族而居的传统，再加上地方经济发达、人文鼎盛，所以建筑规模庞大，次要建筑围绕主体建筑相连成片
轻巧通透	
注重装饰	
工艺精湛	
追求与自然和谐	
独特的建筑方式和材料	

2. 潮汕民居的样式繁多且都用形象生动的名字来命名，如“下山虎”“四点金”“四马拖车”等。请查找潮汕民居主要样式，完成下表（此表可自行扩展）。

样式汇总表

主要样式	特点
下山虎	下山虎是潮汕农村中比较普遍的民宅格局，建筑格局由大厅、两间大房、两间小房、天井等组成。整座建筑前低后高，形状有点像浑身是劲、张开大口的下山之虎：以大门为虎口，两间小房为两只前爪，大厅为肚，厅两旁的大房为后爪
四点金	
四马拖车	

3. 潮汕木雕是融雕刻与绘画于一体的艺术。潮汕木雕经过多年的演变发展，推陈出新，以其品类繁多、工艺精湛闻名，充分展现了潮汕文化精致、灵动的独特风格。潮汕木雕在装饰与写实的结合、美观与实用的统一、精美雕镂与统一单纯的处理、一目了然与经久耐看的兼顾，以及构图的经营、形象的刻画、刀法的运用、髹漆贴金等方面，都有着独到而卓越的创造。请查阅资料，概述潮汕木雕的历史、特点、雕刻形式，以及在潮汕建筑中的运用。

四、跃跃欲试

（一）实践目标

陈慈黉故居是潮汕最有代表性的大型民居宅院之一，是金融家陈慈黉及其家族兴建的大规模民居建筑群，有“岭南第一侨宅”美誉。陈慈黉故居坐落在澄海区隆都镇前美村，由“郎中第”“寿康里”“善居室”三座宅院和“三庐”书斋等组成，兴建时间从清末延续到抗战前期。建筑风格体现中西合璧的特色，以传统的“四马拖车”糅合西式洋楼，点缀亭台楼阁、通廊天桥，萦回曲折。探寻陈慈黉故居建筑风格、建筑材料和文物，可以感受潮汕民居美学意蕴，挖掘蕴含在潮汕民居里的精神。

（二）实践过程

1. 通过现场参观、查阅资料等方式了解陈慈黉故居建筑风格、建筑材料和文物。

2. 整理编辑相关资料，编写讲解词或制作手抄报，也可收集相关照片、文字制作推文或微视频。在班级分享实践成果，也可以上传到微信朋友圈、小视频平台。

（三）实践成果

讲解词、手抄报、推文或微视频。

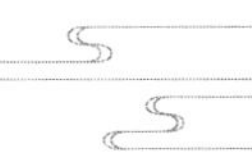

五、款款临风

请完成以下字帖描红。

望族营造屋庐，必建立家庙，尤加壮丽。其村坊市集，虽多茅舍竹篱，而城廓中强半皆高闬闳、厚墙垣者。三阳及澄、饶、惠、普七邑，闾阎饶裕，虽市镇亦多鸟革翚飞。家有千金，必构书斋，雕梁画栋，缀以池台竹树。民居辄用蜃灰和沙土筑墙，地亦如之，坚如金石，即遇飓风摧仆、烈火焚余，而墙垣卓立无崩塌者。界过惠州、嘉应，虽间有之，然不及潮州远甚。

——节选自乾隆年间《潮州府志》

潮汕乡村聚落四周青山绿水，修竹掩映，一棵棵榕树树身粗大，盘根错节、绿叶婆娑、苍茂挺拔，宛如一柄柄巨伞舒张在乡村中的一栋栋白墙灰瓦之上。在这里人们一跨出门槛就能碰面，长幼路遇彬彬揖让，巷头厝里诵读之声琅琅，老人在这乘凉、驻足；冬天这里可晒太阳，品工夫茶；夏天可纳凉，弹奏潮州弦诗。溪边、池旁常常安有石步级，每天清晨，女人们聚在一起洗衣，交头接耳，细说世间俗事。这种向内的团聚空间在潮汕乡村是人们日常生活的集结点，在这里活动的人们感到悠闲、祥和，感到邻里亲近，从而极易产生归属感、认同感，进而建立向心秩序和邻里观念。俗语"金厝边（邻居），银亲戚"讲的就是这个方面的内容，人们能在一个祥和、温馨，充满着邻里亲情的乡村生活，使潮汕人聚族而居的观念得到强化。

——节选自蔡海松《潮汕民居》

第三课　国瓷浴火

一、声声入耳

扫二维码，听朗诵录音。参考注释，体会诗文中蕴含的思想感情。

白瓷[1]（节选）

［明］宋应星

凡造杯盘无有定形模式，以两手捧泥盔冒[2]之上，旋盘使转。拇指剪去甲，按定泥底，就大指薄旋而上，即成一杯碗之形（初学者任从作废，破坯(pī)取泥再造）。功多业熟，即千万如出一范。凡盔冒上造小杯者，不必加泥；造中盘、大碗则增泥大其冒，使干燥而后受功。凡手指旋成坯后，覆转用盔冒一印，微晒留滋润，又一印，晒成极白干，入水一汶[3]，漉(lù)上盔冒，过利刀二次（过刀时手脉微振，烧出即成雀口）。然后补整碎缺，就车上旋转打圈。圈后或画或书字，画后喷水数口，然后过釉(yòu)。

…………

凡瓷器经画过釉之后，装入匣钵(bō)（装时手拿微重，后日烧出即成坳(ào)口，不复周正）。钵以粗泥造，其中一泥饼托一器，底空处以沙实之。大器一匣装一个，小器十余共一匣钵。钵佳者装烧十余度，劣者一二次即坏。凡匣钵装器入窑，然后举火。其窑上空十二圆眼，名曰天窗。火以十二时辰[4]为足。先发门火十个时，火力从下攻上，然后天窗掷柴烧两时，火力从上透下。器在火中其软如棉絮，以铁叉取一，以验火候之足。辨认真足，然后绝薪止火。共计一坯工力，过手七十二，方克成器，其中微细节目尚不能尽也。

【注释】

1. 选自《天工开物》，我国古代一部综合性的科学技术著作。

2. 冒：蒙，盖。

3. 入水一汶：瓷器生产过程中，施釉以前，干的生坯或经素烧的熟坯均需进行表面的清洁处理，除去积存的尘垢及油渍，以保证坯体表层光滑，使釉能牢固而均匀地黏附在坯体上。清洁时，可把坯体“入清水一蘸而起”，或用排笔等浸水湿抹。汶，沾。

4. 时辰：一时辰为两小时。

又于韦处乞大邑瓷碗

［唐］杜甫

大邑[1]烧瓷轻且坚，扣如哀玉[2]锦城[3]传。

君家白碗胜霜雪，急送茅斋也可怜[4]。

【注释】

1. 大邑：县名，在成都附近。
2. 哀玉：玉石相撞发出的凄清声。
3. 锦城：指成都，自汉代以来即以织锦著称，又名锦官城。
4. 可怜：可爱。

秘色越器[1]

［唐］陆龟蒙

九秋[2]风露越窑开，夺得千峰翠色[3]来。

好向中宵[4]盛沆瀣（hàng xiè）[5]，共嵇（jī）中散[6]斗遗杯。

【注释】

1. 秘色越器：越窑青瓷。
2. 九秋：秋季3个月约90天，故云。
3. 千峰翠色：形容越窑青瓷（即秘色瓷）的釉色美。
4. 中宵：半夜。
5. 沆瀣：夜间的水汽、露水。
6. 嵇中散：指嵇康（223—262，或224—263），三国魏文学家、思想家、音乐家，字叔夜，官中散大夫，好弹琴咏诗。他与山涛、阮籍、阮咸、王戎、向秀、刘伶为友，号“竹林七贤”。

二、朗朗上口

在了解诗文背景的基础上，借助标记符号朗诵诗文。参照相应的朗诵录音，不断提升自己的诵读水平。初期可以跟随录音诵读。

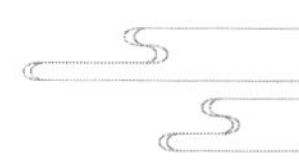

1　白瓷（节选）

【作者生平】

宋应星（1587—？），明末科学家，字长庚，江西奉新人。28岁中举人，崇祯七年（1634）任江西分宜教谕，十一年为福建汀州府（治今长汀）推官，十六年为南京亳州（今属安徽）知州。明亡后弃官归里，终老于乡。宋应星的著作和研究领域涉及自然科学及人文科学的不同学科，而其中最杰出的作品《天工开物》被誉为“中国17世纪的工艺百科全书”。

宋应星一生致力于对农业和手工业生产的科学考察和研究，在总结农业和手工业经验的过程中，逐步形成了朴素的唯物论和辩证法的思想。而这一思想又指导着他在科学技术的研究中奋力向前，取得了卓越的成就，成为我国乃至世界历史上杰出的学者。

【写作背景】

宋应星的《天工开物》是世界上第一部关于农业和手工业生产的综合性著作，是我国古代一部综合性的科学技术著作。作者在书中强调人类要和自然和谐相处，人力要与自然力相配合。该书是我国科技史料中内容十分丰富的一部，它更多地着眼于手工业，反映了我国明代末年出现资本主义萌芽时期的生产力状况。

瓷器是我国古人的伟大发明。本文选自《天工开物》中卷的《陶埏》，记载了制瓷的72道工艺，重点介绍了景德镇生产民用白瓷的技术，生动形象地展示了从原料配制、造坯、过釉到入窑烧结等一系列生产制造过程，反映了我国古代劳动人民的智慧和创造才能，是研究我国古代科技的宝贵资料。

【朗读指导】

白瓷（节选）

凡｜造杯盘｜无有｜定形模式，以｜两手｜捧泥｜盔冒之上，旋盘｜使转。拇指｜剪去甲，按定｜泥底，就大指｜薄旋而上，即成｜一杯碗之形（初学者｜任从作废，破坯｜取泥｜再造）。功多｜业熟，即｜千万｜如出一范。凡｜盔冒上｜造小杯者，不必加泥；造中盘、大碗｜则增泥｜大其冒，使干燥｜而后受功。凡｜手指｜旋成坯后，覆转｜用盔冒一印，微晒｜留滋润，又一印，晒成｜极白干，入水一汶，漉上盔冒，过利刀｜二次（过刀时｜手脉微振，烧出｜即成｜雀口）。然后｜补整碎缺，就车上｜旋转打圈。圈后｜或画｜或书字，画后｜喷水数口，然后｜过釉。

…………

凡｜瓷器｜经画过釉｜之后，装入｜匣钵（装时｜手拿微重，后日烧出｜即成｜坳口，不复周正）。钵｜以粗泥造，其中｜一泥饼｜托一器，底空处｜以沙实之。大器｜一匣｜装一个，小器｜十余｜共一匣钵。钵佳者｜装烧｜十余度，劣者｜一二次即坏。凡｜匣钵｜

装器入窑，然后｜举火。其窑上｜空十二圆眼，名曰｜天窗。火｜以十二时辰｜为足。先发门火｜十个时，火力｜从下攻上，然后｜天窗掷柴｜烧两时，火力｜从上透下。器在火中｜其软如棉絮，以铁叉｜取一，以验火候之足。辨认｜真足，然后｜绝薪止火。共计｜一坯工力，过手｜七十二，方克成器，其中｜微细节目｜尚不能尽也。

2　又于韦处乞大邑瓷碗

【作者生平】

杜甫（712—770），字子美，自称少陵野老，世称“杜工部”“杜少陵”等。祖籍襄阳（今属湖北），生于巩县（今河南巩义西南），唐代伟大的现实主义诗人。其诗紧密结合时事，思想深厚，境界开阔，有强烈的社会现实意义，深刻地反映了唐王朝由盛而衰的社会现实，被后世称为“诗史”。在诗歌艺术上，他能够吸取和总结前人的成就，融合众长，兼备诸体，形成特有的沉郁顿挫的风格。他忧国忧民，人格高尚，诗艺精湛，被尊为“诗圣”。现存诗 1 400 余首，有《杜工部集》。

【写作背景】

杜甫所处的时代，是唐帝国由盛而衰的一个急剧转变的时代。杜甫经历了开元盛世，也经历了安史之乱。杜甫一生仕途失意，遭遇坎坷，又经历战乱，深刻感受到时代苦难。漂泊四川的数年间，是他创作的高峰期，创作了大量诗歌。我们熟悉的《茅屋为秋风所破歌》《闻官军收河南河北》《秋兴》等都是这个时期优秀的作品。

此首《又于韦处乞大邑瓷碗》写于 760 年，也是杜甫寓居成都时所作。杜甫曾于韦班处索求大邑瓷碗。当诗人收到友人送来瓷碗时，不禁对大邑瓷器的白胜霜雪、声如哀玉赞叹不已，并为此写下了这首诗。从杜甫这首诗里，可知在唐代大邑是烧过白瓷的。大邑白瓷的质量很高，釉色晶莹，胜过霜雪；瓷胎极薄，重量很轻；烧制温度高，质地坚硬；扣之即声如哀玉，十分悦耳。这种名贵瓷器，当时在成都还很不容易见到，所以杜甫赞赏不已。

【朗读指导】

又于韦处乞大邑瓷碗

诗句	朗读提示
大邑｜烧瓷｜轻且坚，	平调。点出所咏之物，赞扬其既轻巧又坚实。
扣如｜哀玉｜锦城传。	平调。语速偏慢，赞扬其声哀婉。
君家｜白碗｜胜｜霜雪，	升调。赞扬其色比霜、雪还洁白。
急送｜茅斋｜也｜可怜。	降调。表达喜爱和渴望之情。

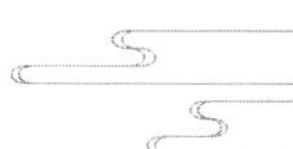

3　秘色越器

【作者生平】

陆龟蒙（？—约881），字鲁望，姑苏（今江苏苏州）人。唐代文学家。曾任湖州、苏州刺史幕僚，后隐居松江甫里。与皮日休为好友，互相唱和，同负盛名，并称“皮陆”。皮、陆的小品文，多愤世嫉俗之词，富有现实意义。著有《笠泽丛书》《甫里集》。

【写作背景】

秘色瓷是唐代越窑青瓷的精品，产于浙江余姚上林湖一带的越州。越窑是中国青瓷最重要的发源地和主产区。东汉年间这里完成了陶器的制作，后来又完成了从原始青瓷发展到青瓷的历史过渡。这一带战国时属越国，唐时改为越州，“越窑”因此而得名。越窑青瓷经过不断发展，晚唐、五代时达到鼎盛。越窑成为当时中国的瓷业中心。

这首诗是迄今发现对秘色瓷最早的文献记载。首句中“越窑开”说明秘色瓷的诞生地为越窑。“夺得千峰翠色来”，生动描绘了越窑秘色瓷的青釉色泽。诗人所描述的秘色瓷釉色为“千峰翠色”，这种郁郁葱葱、青莹滋润的色泽，不同凡俗，浑然天成。一个“夺”字，于画龙点睛中传达出工艺之巧，也点出了秘色瓷色釉有巧夺大自然“千峰翠色”的“灵性”特点，笔法传神而形象，让人读之浮想联翩，余韵延绵。诗人用烂漫的笔调热情地赞美了秘色瓷的精美绝伦和劳动人民的智慧，表达了对秘色瓷的喜爱。

【朗读指导】

秘色越器

九秋｜风露｜越窑｜开，	平调。表达诗人对开窑时壮观景象的感慨。
夺得｜千峰｜翠色｜来。	升调。语速加快，强调瓷器的色泽之青翠。
好向｜中宵｜盛｜沆瀣，	平调。语气加重。
共｜嵇中散｜斗｜遗杯。	降调。赞美瓷器的不寻常，也表达了诗人对嵇康的敬慕之情。

三、娓娓道来

1. 说到中国瓷器，不得不提位于江西省东北部昌江河畔，地处赣、浙、皖三省交界的景德镇。景德镇这座以生产陶瓷而著称的古老城市，有“千年瓷都”的美誉，所产瓷器以白如玉、明如镜、薄如纸、声如磬的独特风格蜚声海内外。千年窑火的传承，使景德镇制瓷业集历代名窑之大成，汇各地技艺之精华，形成了独树一帜的手工制瓷工艺生产体系。请参考教材“博观约取”中的《景德镇与青花瓷》，查阅相关资料，以“景德镇与青花瓷”为题，图文并茂，向同学们介绍景德镇名字的来历、景德镇瓷器的特色、青花瓷的制作工

艺及艺术特点等。

2. 我国传统的瓷器生产工艺精细高超，匠人们通过层层工序，将最初的一抔泥土，最终制成一件完好无缺、美观实用的瓷器。其间，每一道工序又包括多项复杂的操作，一丝一毫的失误都会影响产品质量。请结合教材中介绍的“制瓷工艺”，梳理制瓷的重要工序，以及其中的主要操作，并填写下表。

制瓷工序汇总表

重要工序	主要操作
选料	
制坯	
上釉	
烧造	

3. 1975 年，朱文立从部队复员后，被分配到临汝县汝瓷二厂，成了一名临时工。他师从汝瓷传人郭遂，专门从事汝瓷研制工作。1987 年，他成功研制出汝窑天青釉，使断代几百年的汝官瓷重现于世。朱文立并未停下脚步，他还在汝州内城找到了汝官窑遗址、北宋官窑遗址、北宋官窑早期遗址。通过不断探索，他成功研制出新型陶瓷，成为国家级非物质文化遗产项目汝瓷烧制技艺代表性传承人。请参考以上内容，进一步了解朱文立的事迹，并给同学们讲述他的故事。

四、跃跃欲试

（一）实践目标

瓷器是中国的一张亮丽名片，是中华文化的重要象征。为什么在英文中瓷器（china）与中国（China）同为一词？中国瓷器有哪些种类？分别有什么特点？如何欣赏瓷器之美？通过整理中国瓷器的相关信息，可以进一步认识、了解瓷器，领略中国瓷器之美，唤醒、提升文化自信。

（二）实践过程

1. 查阅资料，了解瓷器的种类、造型、纹饰，并将相关资料整理成图文并茂的“中国

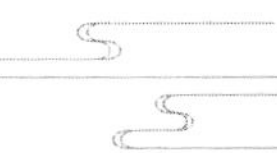

瓷器”宣传小册。

2. 实地走访各地博物馆或进入博物馆网站，收集博物馆里珍藏的精美瓷器照片，领略中国瓷器之美，感受中国瓷器蕴含的厚重的文化底蕴。

3. 选择某博物馆珍藏的某件瓷器，从种类、造型、纹饰、落款了解它，制作“我眼中的 × × 瓷器”PPT，介绍这件瓷器。PPT 要图文并茂、结构清晰、内容丰富。

4. 举办“我眼中的 × × 瓷器”分享会，与班级同学分享这件瓷器之美。

5. 可以自由组成不超过 5 人的小组共同完成，也可 1 人独立完成。

（三）实践成果

1.“中国瓷器”宣传小册。

2.“我眼中的 × × 瓷器”PPT。

3. 参加“我眼中的 × × 瓷器”分享会，与班级同学分享瓷器之美。

五、款款临风

请完成以下字帖描红。

白瓷（节选）

［明］宋应星

凡造杯盘无有定形模式，以两手捧泥盔冒之上，旋盘使转。拇指剪去甲，按定泥底，就大指薄旋而上，即成一杯碗之形（初学者任从作废，破坯取泥再造）。功多业熟，即千万如出一范。凡盔冒上造小杯者，不必加泥；造中盘、大碗则增泥大其冒，使干燥而后受功。凡手指旋成坯后，覆转用盔冒一印，微晒留滋润，又一

印，晒成极白干，入水一汶，漉上盔冒，过利刀二次（过刀时手脉微振，烧出即成雀口）。然后补整碎缺，就车上旋转打圈。圈后或画或书字，画后喷水数口，然后过釉。

……………

凡瓷器经画过釉之后，装入匣钵（装时手拿微重，后日烧出即成坳口，不复周正）。钵以粗泥造，其中一泥饼托一器，底空处以沙实之。大器一匣装一个，小器十余共一匣钵。钵佳者装烧十余度，劣者一二次即坏。凡匣钵装器入窑，然后举火。其窑上空十二圆眼，名曰天窗。火以十二时辰为足。先发门火十个时，火力从下攻上，然后天窗掷柴烧两时，火力从上透下。器在火中其软如棉絮，以铁叉取一，以验火候之足。辨认真足，然后绝薪止火。共计一坯工力，过手七十二，方克成器，其中微细节目尚不能尽也。

又于韦处乞大邑瓷碗

［唐］杜甫

大邑烧瓷轻且坚，
扣如哀玉锦城传。
君家白碗胜霜雪，
急送茅斋也可怜。

秘色越器

［唐］陆龟蒙

九秋风露越窑开，
夺得千峰翠色来。
好向中宵盛沆瀣，
共嵇中散斗遗杯。

第四课　经纬织霓

一、声声入耳

扫二维码，听朗诵录音。参考注释，体会诗文中蕴含的思想感情。

红线毯[1]

［唐］白居易

择茧缫（sāo）丝[2]清水煮，拣丝练线红蓝染。

染为红线红于蓝[3]，织作披香殿[4]上毯。

披香殿广十丈余，红线织成可殿铺[5]。

彩丝茸茸香拂拂[6]，线软花虚不胜物[7]。

美人踏上歌舞来，罗袜绣鞋随步没[8]。

太原毯涩毳（cuì）缕硬，蜀都褥（rù）薄锦花冷。[9]

不如此毯温且柔，年年十月来宣州。

宣城太守加样织[10]，自谓为臣能竭力。

百夫[11]同担进宫中，线厚丝多卷不得[12]。

宣城太守知不知，一丈毯，千两丝[13]。

地不知寒人要暖，少夺人衣作地衣[14]。

【注释】

1. 红线毯：一种丝织地毯。此类红线毯是宣州（今安徽宣城）所管织造户织贡的。

2. 缫丝：将蚕茧抽为丝缕。

3. 红于蓝：染成的丝线，比红蓝花还红。红蓝，即红蓝花，夏季开花，可以制胭脂和红色颜料。胡震亨《唐音癸签》卷二十云："此则红花也，本非蓝，以其叶似蓝，因名为红蓝。"

4. 披香殿：汉代宫殿名，这里泛指宫廷歌舞之地。

5. 可殿铺：指毯与宫殿地面大小吻合，恰好能铺满。

6. 彩丝茸茸香拂拂：形容地毯质地柔密，香气飘动。茸茸，形容彩丝纤细柔密。拂拂，飘散的样子。

7. 不胜物：无法承受物体的重量，形容地毯非常柔软。不胜，承受不起。

8. 罗袜绣鞋随步没：描写丝毯松软，能陷没舞女的鞋袜，即所谓“不胜物”。

9. 太原毯涩毳缕硬，蜀都褥薄锦花冷：说太原出产的毛毯涩而硬，成都的锦褥薄而不暖，都不如这种丝毯好。涩，不柔润。毳，鸟兽的细毛。

10. 加样织：用新花样加工精织。加样，翻新花样的意思。

11. 百夫：百人，泛指多人。

12. 线厚丝多卷不得：红线毯又大又厚，没法卷起来。线厚，是说丝毯太厚。卷不得，是说不能卷起。

13. 一丈毯，千两丝：不是实指，虚写所耗费蚕丝之多。

14. 地衣：地毯。

浪淘沙

［唐］刘禹锡

濯(zhuó)锦江[1]边两岸花，春风吹浪正淘沙。

女郎剪下鸳鸯锦[2]，将向中流疋(pǐ)晚霞[3]。

【注释】

1. 濯锦江：又名浣花溪，在今四川省成都市西，古代因洗涤锦缎而得名。
2. 鸳鸯锦：绣有鸳鸯图案的锦缎。
3. 疋晚霞：与晚霞比美。疋，匹敌，相当。

缫(sāo)丝行[1]

［宋］范成大

小麦青青大麦黄[2]，原头[3]日出天色凉。

妇姑[4]相呼有忙事，舍后煮茧[5]门前香。

缫车嘈(cáo)嘈[6]似风雨，茧厚丝长无断缕[7]。

今年那暇织绢著[8]，明日西门[9]卖丝去。

【注释】

1. 缫丝：把蚕茧浸在热水里，抽出蚕丝。行，一种乐府诗体，与“歌”并称，或泛称为“歌行”。

2. 小麦、大麦：秋麦、春麦。二者播种时间不一，成熟时间也不一样。汉代童谣：“小麦青青大麦枯，谁其获者妇与姑。”

3. 原头：原野的地头。

4. 妇姑：媳妇和婆婆。

5. 煮茧：蚕茧成熟，必须及时煮死蚕蛹，否则茧内蚕蛹化蛾，咬破茧而出，就不能缫丝了。

6. 嘈嘈：象声词，形容缫车在急转时发出的声响。

7. 缕：线。这里指蚕丝。

8. 著：穿（衣），指穿绢衣。

9. 西门：指丝市所在地。

二、朗朗上口

在了解诗文背景的基础上，借助标记符号朗诵诗文。参照相应的朗诵录音，不断提升自己的诵读水平。初期可以跟随录音诵读。

1　红线毯

【作者生平】

白居易（772—846），唐代诗人。字乐天，号香山居士。其先太原（今山西太原西南）人，后迁居下邽（今陕西渭南北）。贞元十六年（800）进士，十九年春，授秘书省校书郎。后任翰林学士、左拾遗及左赞善大夫。因上书言事，贬江州司马。长庆间任杭州刺史，宝历初任苏州刺史。晚年先后担任太子宾客、河南尹太子少傅等职，官终刑部尚书。世称白香山。白居易认为“文章合为时而著，歌诗合为事而作”（《与元九书》），他继承和发展了《诗经》和汉乐府的现实主义传统，沿着杜甫所开辟的道路进一步从文学理论上和创作上掀起了一个波澜壮阔的现实主义诗歌的高潮。白居易的诗歌对当时的社会问题进行了较深刻的揭露和批判，达到了“救济人病、裨补时阙”的政治目的，其中，那些价值最高的讽喻诗，和他兼善天下的政治抱负是一致的。

【写作背景】

白居易的诗歌广泛地反映时政弊端和社会矛盾，对人民的疾苦表示极大的同情。中唐时弊政很多，《红线毯》就是白居易对进奉弊政的揭露和讽刺。所谓“进奉”，就是地方官

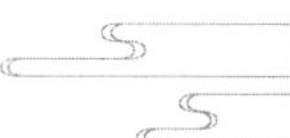

把额外榨取的财物美其名曰“羡余”，拿去讨好皇帝，谋求高官。白居易通过宣州进贡红线毯的事，对宣州太守一类官员讨好皇帝的行为加以讽刺，又着重暴露最高统治者为了自己荒淫享乐，毫不顾惜织工的辛勤劳动而任意浪费人力物力的罪恶。全诗叙事和议论相结合，在具体生动的描绘之后，作者仿佛是指着宣州太守的鼻子提出正义的诘责，给人极其强烈的印象。诗歌语言质朴直率，感情激烈直露，记事直截了当，平易近人，通俗易懂。

【朗读指导】

红线毯

择茧｜缲丝｜清水煮，	平调。描述选茧煮茧的过程。
拣丝｜练线｜红蓝染。	平调。描述染色过程。
染为｜红线｜红｜于蓝，	升调。略激昂。表示染成的红色比花还红艳。
织作｜披香｜殿｜上毯。	升调。表示反诘。表示辛苦制作出来的成品用来铺殿。
披香殿广｜十丈余，	降调。表达感叹。感叹披香殿如此宽敞。
红线织成｜可殿铺。	平调。叙述红线毯用途。
彩丝茸茸｜香｜拂拂，	升调。表示赞叹。
线软花虚｜不｜胜物。	降调。表达感叹。
美人蹋上｜歌舞｜来，	升调。表达复杂的情绪。
罗袜绣鞋｜随步｜没。	升调。表达复杂的情绪。
太原｜毯涩｜毳缕硬，	降调。感叹太原产的毛毯又涩又硬。
蜀都｜褥薄｜锦花冷。	降调。感叹四川织的锦花褥又薄又冷。
不如此毯｜温｜且柔，	升调。惊异红线毯温暖又柔软。
年年｜十月｜来｜宣州。	升调。表示反诘。
宣城太守｜加｜样织，	升调。表示命令。
自谓｜为臣｜能｜竭力。	降调。表示坚决。
百夫同担｜进｜宫中，	平调。叙述事实。
线厚｜丝多｜卷｜不得。	升调。表示反诘。
宣城太守｜知｜不知，	升调。表示疑问。
一丈毯，千两丝。	升调。表示惊异。
地不知寒｜人｜要暖，	升调。表示呼唤。
少夺人衣｜作｜地衣。	降调。表示感叹。

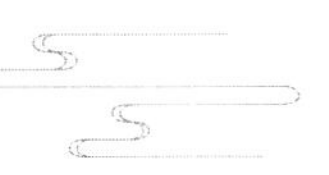

2 浪淘沙

【作者生平】

刘禹锡（772—842），字梦得，洛阳（今属河南）人。唐代诗人，有“诗豪”之称。贞元九年（793）进士，又登博学宏词科。授监察御史，参加永贞革新，致力于革除弊政、维护国家统一。永贞革新失败后被贬为朗州司马，历任连州、夔州、和州刺史。后入朝任太子宾客、秘书监分司东都，世称刘宾客。官终检校礼部尚书。晚年在洛阳，和白居易为诗友，并称“刘白”。刘禹锡一生屡受政治打击和贬谪磨难之苦，后期虽欲在政治上有所作为，但物是人非的现实和日趋激烈的政治斗争，已使他感到事不可为亦不能为。武宗会昌二年（842）秋，病逝于洛阳。其诗沉着稳健，风调自然。

【写作背景】

刘禹锡具有朴素唯物论的思想，政治上也有进步见解。他一生贬官在外20多年，但长期的贬谪并没有改变他的思想。他不少的诗篇抒发了对身世遭遇的愤懑和痛苦，有的诗更直接讽刺了当朝的权贵。刘禹锡继承了屈原向民歌学习的优良传统，他流放巴楚间学习当时民歌，创作了数篇《竹枝词》和《浪淘沙》，记录劳动人民的生活和地方风物。刘禹锡共作《浪淘沙》9首，这是第五首。“浪淘沙”是唐代教坊曲名，后用作词牌。这首诗以明快而又婉转的民歌风调，表现了对劳动者的由衷赞美和热情讴歌，语言质朴浅近，精练准确，很有特色。

【朗读指导】

浪淘沙

诗句	朗读指导
濯锦｜江边｜两岸花，	平调。描述濯锦江两岸的景色。
春风｜吹浪｜正淘沙。	平调。描写濯锦江上的景色。
女郎｜剪下｜鸳鸯锦，	平调。叙述事实。
将向｜中流｜疋晚霞。	降调。表示赞叹。

3 缫丝行

【作者生平】

范成大（1126—1193），字致能，号石湖居士，吴郡（今江苏苏州）人。宋高宗绍兴二十四年（1154）进士。孝宗乾道六年（1170），为宋特使赴金国改变接纳金国诏书礼仪和索取河南“陵寝”地，坚强不屈，全节而归。此后他由中书舍人，累官至四川制置使、参知政事。他在任地方官期间，做出一些有利于人民的政绩。晚年隐居苏州石湖。范成大是一个关心国事、勤于政务、同情人民疾苦的士大夫，创作有大量爱国诗篇和关怀人民疾苦的作品。

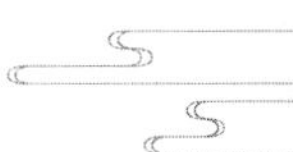

他在后半生，创作了非常有特色的田园诗，洋溢着热爱生活的激情，是宋诗中的优秀篇章。他善写绝句，诗风清丽精致，与陆游、杨万里、尤袤齐名，号称“中兴四大家”。

【写作背景】

范成大怀有报国大志，出使金国时曾写下一系列爱国诗篇，不仅描写了人民的悲惨生活，抒发了他们的真实情感，而且还对南宋统治者昏庸误国予以谴责。尤其令人称道的是他的田园诗，这些诗歌展示了丰富多彩的宋代风土人情，富有浓郁的乡土气息。《缫丝行》是一首乐府诗，自注云：“效王建。”表明是学王建乐府诗的风格。《缫丝行》写姑嫂煮茧、缫丝、卖丝的繁忙劳动景象，描绘出农村妇女快乐劳动的场景，节奏一开始明快、流畅，可最后两句情调急转，将反映农村织妇的辛勤劳动与揭示封建剥削结合起来。“今年”两句是说，缫丝的妇姑在往年还有余丝织成绢，留作己用，可“今年”却不得暇织，急着将丝全部卖出去。其潜台词是：赋税加重，官府催租急，妇姑不得不缫丝卖丝。整首诗前后对照，感情色彩急遽反转，增强了诗歌的艺术感染力。

【朗读指导】

缫丝行

诗句	朗读提示
小麦丨青青丨大麦黄，	平调。描述季节。
原头丨日出丨天色凉。	平调。描述天气。
妇姑丨相呼丨有忙事，	平调。
舍后丨煮茧丨门前香。	平调。描写煮茧。
缫车丨嘈嘈丨似风雨，	平调。
茧厚丨丝长丨无断缕。	平调。描写抽丝。
今年丨那暇丨织绢著，	升调。表疑问。
明日丨西门丨卖丝去。	降调。表悲凉。

三、娓娓道来

1. 教材“博观约取”里介绍了丝绸起源和丝绸之路。其实，丝绸之路根据途经地点可划分为不同线路。请查阅资料，完成下表（此表可自行扩展）。

丝绸之路线路汇总表

线路	具体路线	特点
东段	北：	路线最短，但沿途缺水、补给不易
	南：	
	中：	

续表

线路	具体路线	特点
中段		

2. 中国古代，除了陆上丝绸之路，还有海上丝绸之路，请查阅资料，写出海上丝绸之路的路线及发展历程（此表可自行扩展）。

海上丝绸之路信息表

海域	具体路线	发展历程

3.“一带一路”是“丝绸之路经济带”和“21 世纪海上丝绸之路”的简称。2013 年 9 月和 10 月，中国分别提出建设“丝绸之路经济带”和“21 世纪海上丝绸之路”的合作倡议。依靠中国与有关国家既有的双、多边机制，借助既有的、行之有效的区域合作平台，“一带一路”旨在借用古代丝绸之路的历史符号，高举和平发展的旗帜，积极发展与沿线国家的经济合作伙伴关系，共同打造政治互信、经济融合、文化包容的利益共同体、命运共同体和责任共同体。请查阅资料，概述“丝绸之路经济带”和“21 世纪海上丝绸之路”分别指的是什么？

四、跃跃欲试

（一）实践目标

几百年前，南宋的一艘长 30 米、宽 10 米的木质船，满载瓷器等中国货物，航行至距广东阳江海岸线 20 海里时突然沉没；几百年后，这艘被称为“南海一号”的古沉船经中外专家考证，是迄今为止世界上发现的海上沉船中年代最早、船体最大、保存最完整的远洋贸易商船。“南海一号”将为复原海上丝绸之路的历史、陶瓷史提供极为难得的实物资料。请探寻“南海一号”古船的概况、发现历程、发现文物及时代背景，了解广州在海上丝绸之路中的重要地位。

（二）实践过程

1. 通过现场参观、查阅资料等方式了解“南海一号”古船的概况、发现历程、发现文物及时代背景，了解其对研究我国乃至整个东亚、东南亚的古代造船史、陶瓷史、航运史、贸易史等的重要意义。

2. 整理编辑相关文物资料，做成手抄报。

3. 收集相关照片、文字制作推文或微视频，在班级内分享实践成果，也可以上传到微信朋友圈。

（三）实践成果

1. 制作手抄报。

2. 制作推文。

3. 制作微视频。

五、款款临风

请完成以下字帖描红。

红线毯

［唐］白居易

择茧缫丝清水煮，

拣丝练线红蓝染。

染为红线红于蓝，

织作披香殿上毯。

披香殿广十丈余，

红线织成可殿铺。

彩丝茸茸香拂拂，

线软花虚不胜物。

美人踏上歌舞来，

罗袜绣鞋随步没。
太原毯涩毳缕硬，
蜀都褥薄锦花冷。
不如此毯温且柔，
年年十月来宣州。
宣城太守加样织，
自谓为臣能竭力。
百夫同担进宫中，
线厚丝多卷不得。
宣城太守知不知，
一丈毯，千两丝。
地不知寒人要暖，
少夺人衣作地衣。

浪淘沙

［唐］刘禹锡

濯锦江边两岸花，
春风吹浪正淘沙。
女郎剪下鸳鸯锦，
将向中流疋晚霞。

缫丝行

［宋］范成大

小麦青青大麦黄，
原头日出天色凉。
妇姑相呼有忙事，
舍后煮茧门前香。
缫车嘈嘈似风雨，
茧厚丝长无断缕。
今年那暇织绢著，
明日西门卖丝去。

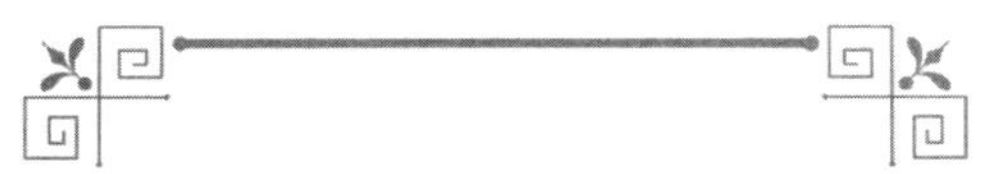

处世之道

第五课　正心诚意

一、声声入耳

扫二维码，听朗诵录音。参考注释，体会诗文中蕴含的思想感情。

古之欲明[1]明德[2]于天下[3]者，先治其国[4]；欲治其国者，先齐其家[5]；欲齐其家者，先修其身[6]；欲修其身者，先正其心[7]；欲正其心者，先诚其意。

——节选自《大学·第一章》

【注释】

1. 明：动词，使显明。

2. 明德：光明正大的德行。儒家认为，人生来具有善良的德性，即明德。后天因为受到物质利益的蒙蔽，个人褊狭气量的拘束，明德受到压抑，所以要经过教育，使明德显露出来。

3. 天下：全国。

4. 国：周朝实行分封制，最高统治者天子将部分土地连同百姓分封给其兄弟、亲属及功臣，叫他们世代统治，被封者称为诸侯，诸侯的封地叫作国。

5. 齐其家：使家族齐心协力，和睦相处。齐，有整顿、治理和管理之意。家，家族。

6. 修其身：涵养自身的品性。

7. 正其心：端正自己的心思。

所谓诚其意[1]者，毋(wú)[2]自欺也。如恶恶臭(wù è xiù)[3]，如好好色(hào hǎo)[4]，此之谓自谦(qiè)[5]。故君子必慎其独[6]也。小人闲居[7]为不善，无所不至，见君子而后厌(yā)然[8]，掩[9]其不善，而著[10]其善。人之视己，如见其肺肝然，则何益矣。此谓诚于中[11]，形于外，故君子必慎其独也。曾子曰：“十目所视，十手所指，其严乎！”富润屋[12]，德润身[13]，心广体胖(pán)[14]。故君子必诚其意。

——节选自《大学·第七章》

【注释】

1. 诚其意：使意念真诚。诚，使真诚。意，意念。

2. 毋：不要。

3. 恶恶臭：前一个“恶”字用作动词，厌恶，讨厌；后一个“恶”字是形容词，不好。恶臭，难闻的气味。臭，气味。

4. 好好色：前一个“好”字用作动词，喜爱；后一个“好”字是形容词，美好。好色，美丽的容貌。

5. 自谦：自求快意的满足。谦，同“慊”，满足，满意。

6. 慎其独：在独自一人的时候要谨慎。慎，谨慎，一丝不苟。独，指一人独处的时候。

7. 闲居：独处。

8. 厌然：躲藏、掩饰的神态。

9. 掩：遮掩，掩盖。

10. 著：显示。

11. 中：内心。

12. 润屋：装饰房屋。

13. 润身：修养自身。

14. 心广体胖：心胸宽广，身体安适舒泰。胖，舒展，安舒。

所谓修身在正其心者，身有所忿懥（fèn zhì）[1]，则不得其正；有所恐惧，则不得其正；有所好乐，则不得其正；有所忧患，则不得其正。心不在焉，视而不见，听而不闻，食而不知其味。此谓修身在正其心。

——节选自《大学・第八章》

【注释】

1. 忿懥：愤怒。

将一门技术掌握到炉火纯青绝非易事，但工匠精神的内涵远不限于此。有人说，“没有一流的心性，就没有一流的技术”。的确，倘若没有发自肺腑、专心如一的热爱，怎有废寝忘食、尽心竭力的付出？没有臻于至善、超今冠古的追求，怎有出类拔萃、巧夺天工的卓越？没有冰心一片、物我两忘的境界，怎有雷打不动、脚踏实地的淡定？工匠精神中所深藏的，有格物致知、正心诚意的生命哲学，也有技进乎道、超然达观的人生信念。从赞叹工匠继而推崇工匠精神，见证社会对浮躁风气、短视心态的自我疗治，对美好器物、超凡品质的主动探寻。我们不必人人成为工匠，却可以人人成为工匠精神的践行者。

——节选自《以工匠精神雕琢时代品质》

【注释】

略。

二、朗朗上口

在了解诗文背景的基础上，借助标记符号朗诵诗文。参照相应的朗诵录音，不断提升自己的诵读水平。初期可以跟随录音诵读。

1 大学·第一章（节选）

【作者生平】

《大学》原是中国古代儒家经典《礼记》中的一篇，约为秦汉之际儒家作品。宋代程颢、程颐特别重视《大学》，曾分别将它从《礼记》中抽出来加以改编，使之独立成篇。朱熹在二程改编的基础上继续加工，分为“经”“传”，作成章句，通过注释阐发己意，并将它和《论语》《孟子》《中庸》合编为“四书”，在封建社会后期影响极大。

【写作背景】

《大学》依据孔子“仁”的思想，以“德治”作为指导，阐明了儒家“修己以安人”的圣王之道。所谓圣王之道，可以分为两大部分：一是属于“内圣”范围的“修己”功夫，二是属于“外王”范围的“安人”事业。对此，《大学》提出“明明德、亲民、止于至善”的“三纲领”和“格物、致知、诚意、正心、修身、齐家、治国、平天下”的“八条目”。其中“三纲领”是中国古代教育的总纲领，“八条目”是它的具体措施、步骤和主要内容，而其中的“修身”则是它的中心任务。

《大学》既是儒家思想体系的最高纲领，又是每个人立身处世、进德修业的指南。《大学》体现了我国古代教育的路线和方针，我国古代教育是以品德教育为核心的德才并重的教育，旨在培养合格的修身、齐家、治国、平天下的栋梁之材。《大学》深深融入中国的传统思想文化之中，影响着一代又一代的中国人，它对于我们今天提高个人素质、实现人生理想仍有重要的借鉴意义。

【朗读指导】

大学·第一章（节选）

古之欲｜明｜明德｜于｜天下者，先｜治其国；欲治｜其国者，先｜齐其家；欲齐｜其家者，先｜修其身；欲修｜其身者，先｜正其心；欲正｜其心者，先｜诚其意。	表明治国、齐家、修身、正心、诚意的关系，表示正心、诚意的重要性。

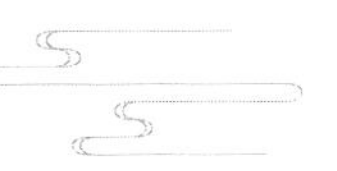

2 大学·第七章（节选）

【作者生平】

略。

【写作背景】

略。

【朗读指导】

大学·第七章（节选）

所谓｜诚其意者，毋｜自欺也。如｜恶｜恶臭，如｜好｜好色，此之谓｜自谦。故君子｜必｜慎其独也。小人闲居｜为不善，无所不至，见君子｜而后厌然，掩｜其不善，而｜著其善。人之视己，如见其｜肺肝然，则｜何益矣。此谓｜诚于中，形于外，故｜君子｜必｜慎其独也。曾子曰："十目所视，十手所指，其严乎！"富润屋，德润身，心广｜体胖。故｜君子｜必｜诚其意。

诚无所不至，立志修养品德的人，会发自内心地努力，而不是随意做给外人看。独处静室，他人不知，除了良知，没有第三只眼睛的注视。于是，就会有各种欲望滋生，这时，需要能够及时对自己的思想进行反省，这就是"慎独"的重要性。通过修炼，我们才能获得真正高尚的道德。

3 大学·第八章（节选）

【作者生平】

略。

【写作背景】

略。

【朗读指导】

大学·第八章（节选）

所谓｜修身｜在｜正其心者，身｜有所忿懥，则｜不得其正；有所恐惧，则｜不得其正；有所好乐，则｜不得其正；有所忧患，则｜不得其正。心不在焉，视而不见，听而不闻，食而｜不知其味。此谓｜修身｜在｜正其心。

从人有愤怒、恐惧、偏好、忧虑的角度来表述修身要先端正自己的内心。克己修身，要不受外界影响。专心修炼品行，自然会收到好的效果。

4　以工匠精神雕琢时代品质（节选）

【作者生平】

略。

【写作背景】

略。

【朗读指导】

略。

三、娓娓道来

1. 教材“博观约取”里介绍了老字号同仁堂长盛不衰的重要原因：恪守存心有天知的理念。古今中外，但凡成功的企业，无一不是秉持着臻于至善的理念，真心服务大众，做强、做大。生活中，你知道的老字号有哪些？请查阅资料，整理各老字号经久不衰的经营理念、具体事迹，并将查找的资料填入下表。

老字号信息汇总表

老字号名称	经营理念	具体事迹
同仁堂	做事不能见利忘义、违背良心	同仁堂上下齐心协力，在战乱中凑足黄金，按家传配方制作镇店之宝“紫雪”

2. 儒家是先秦诸子百家之一，曾遭到“焚书坑儒”的致命打击。在汉武帝后，儒家思想渐渐为统治者所接受，成为历代尊崇的“圣人之道”。请结合教材中提到的正心、诚意，说说其与社会主义核心价值观的相通之处。

3. 在当代，许多工匠都是正心诚意的楷模，教材里提到了胡双钱、周东红、孟剑锋、张冬伟等大国工匠，他们拥有专注、执着、真诚的品格，为国家的发展做出了杰出的贡献。请从中选取一位，详细了解其工匠事迹，并给同学们讲述其中的故事。

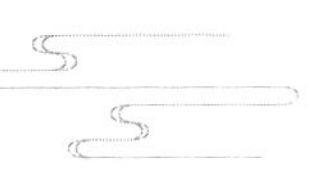

四、跃跃欲试

（一）实践目标

正心诚意与社会主义核心价值观是贯通的，它指引我们对待自己不忘初心，对待他人诚恳真挚，对待工作精益求精，对待国家冰心一片。在实现伟大中国梦的路上，各行各业涌现出了很多以诚意践行初心使命、默默奉献的人，比如共和国勋章获得者钟南山，优秀共产党员张桂梅等。收集身边做到正心诚意，为国为家踏实工作的名人逸事，可以学习他们身上折射出来的专注、执着、真诚的品格，成为新时代高素质技能人才。

（二）实践过程

1. 实地走访当地知名企业，寻找企业中的能工巧匠，了解他们的故事，感受他们对待工作的诚意。

2. 收集相关照片、录像，制作你认为具有诚意的能工巧匠的小视频。

3. 通过发朋友圈、视频平台等途径，分享实践成果。

4. 可以自由组成不超 5 人的小组共同完成，也可 1 人独立完成。

（三）实践成果

1. 编辑“诚意之星”档案卡。

姓名:____________　工作单位:____________　工作职务:____________

人生格言:____

主要事迹:____

我的感悟:____

2. 制作小视频。

五、款款临风

请完成以下字帖描红。

古之欲明明德于天下者，先治其国；欲治其国者，先齐其家；欲齐其家者，先修其身；欲修其身者，先正其心；欲正其心者，先诚其意。

——节选自《大学·第一章》

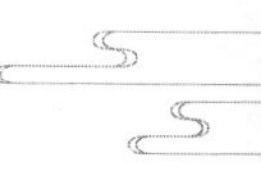

所谓诚其意者，毋自欺也。如恶恶臭，如好好色，此之谓自谦。故君子必慎其独也。小人闲居为不善，无所不至，见君子而后厌然，掩其不善，而著其善。人之视己，如见其肺肝然，则何益矣。此谓诚于中，形于外，故君子必慎其独也。曾子曰："十目所视，十手所指，其严乎！"富润屋，德润身，心广体胖。故君子必诚其意。

——节选自《大学·第七章》

所谓修身在正其心者，身有所忿懥，则不得其正；有所恐惧，则不得其正；有所好乐，则不得其正；有所忧患，则不得其正。心不在焉，视而不见，听而不闻，食而不知其味。此谓修身在正其心。

——节选自《大学·第八章》

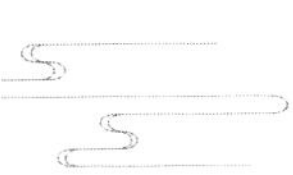

将一门技术掌握到炉火纯青绝非易事，但工匠精神的内涵远不限于此。有人说，“没有一流的心性，就没有一流的技术”。的确，倘若没有发自肺腑、专心如一的热爱，怎有废寝忘食、尽心竭力的付出？没有臻于至善、超今冠古的追求，怎有出类拔萃、巧夺天工的卓越？没有冰心一片、物我两忘的境界，怎有雷打不动、脚踏实地的淡定？工匠精神中所深藏的，有格物致知、正心诚意的生命哲学，也有技进乎道、超然达观的人生信念。从赞叹工匠继而推崇工匠精神，见证社会对浮躁风气、短视心态的自我疗治，对美好器物、超凡品质的主动探寻。我们不必人人成为工匠，却可以人人成为工匠精神的践行者。

——节选自《以工匠精神雕琢时代品质》

第六课　淡泊宁静

一、声声入耳

扫二维码，听朗诵录音。参考注释，体会诗文中蕴含的思想感情。

士君子之所能不能为[1]：君子能为可贵[2]，不能使人必贵己[3]；能为可信[4]，不能使人必信己[5]；能为可用[6]，不能使人必用己[7]。故君子耻不修[8]，不耻见污[9]；耻不信，不耻不见信[10]；耻不能，不耻不见用。是以不诱于誉[11]，不恐于诽，率道[12]而行，端然[13]正己，不为物[14]倾侧[15]，夫是之谓诚君子。《诗》云："温温恭人，维德之基[16]。"此之谓也。

——节选自《荀子·非十二子》

【注释】

1. 能不能为：能做和不能做的。
2. 贵：被人尊重。
3. 贵己：尊重自己。
4. 信：被人信任，讲信用。
5. 不能使人必信己：不能让人们必定信任自己。
6. 可用：可用于世。用，被人任用。
7. 必用己：一定重用自己。
8. 耻不修：以品德不好为耻辱。耻，以……为耻辱。修，善，好。
9. 见污：被污蔑。见，被。
10. 见信：被信任。
11. 诱于誉：被荣誉浮名诱惑。于，被。
12. 率道：遵循正道。率，遵循，沿着。
13. 端然：庄重严肃的样子。
14. 物：外界事物。
15. 倾侧：倾斜，这里指动摇。
16. 温温恭人，维德之基：宽厚、和气、恭敬地对待别人，是维系道德的基础。温温，宽厚、柔和的样子。

夫君子之行，静[1]以修身，俭以养德。非淡泊[2]无以[3]明志[4]，非宁静无以致远[5]。夫学须静也，才须学也，非学无以广[6]才，非志无以成学。慆慢[7]则不能励精[8]，险躁[9]则不能治性[10]。年与时驰[11]，意与日去[12]，遂成枯落[13]，多不接世[14]，悲守穷庐[15]，将复何及[16]！

——节选自诸葛亮《诫子书》

【注释】

1. 静：屏除杂念和干扰，宁静专一。
2. 淡泊：内心恬淡，不慕名利。
3. 无以：没有什么可以拿来，没办法。以，介词，引出动作行为的目的。
4. 明志：明确志向。明，明确、坚定。
5. 致远：达到远大目标。致，达到。
6. 广：增长。
7. 慆慢：放纵懈怠。
8. 励精：振奋精神。励，振奋。
9. 险躁：轻薄浮躁。险，轻薄。
10. 治性：修养性情。
11. 年与时驰：年纪随同时光而急速逝去。驰，疾行，指迅速逝去。
12. 意与日去：意志随同岁月而消失。
13. 枯落：凋落，衰残。比喻人年老志衰，没有用处。
14. 多不接世：大多对社会没有任何贡献。
15. 穷庐：穷困潦倒之人住的陋室。
16. 将复何及：又怎么来得及。

字谕（yù）[1]汝舟[2]儿：……尔年才二十八，已成进士，授职编修[3]，是为侥幸成名，切不可自满。宜守三戒：一戒傲慢，二戒奢华，三戒浮躁。尔既奉母弟居京华，务宜体吾寸心[4]，常持勤敬与和睦。凡家庭间能守得几分勤敬，未有不兴；能守得几分和睦，未有不发。若不勤不和之家，未有不败者也。尔昔在侯官[5]，将此四字于族或人家验之，必以吾言为有证也。尔性懒，书案上诗文乱堆，不好收拾洁净，此是败家气象，嗣后务宜痛改，细心收拾，即一纸一缕，皆宜捡拾伶俐，以为弟辈之榜样。……尔能勤，二弟皆学勤；尔能和，二弟皆学和；尔能孝，二弟皆学孝。尔为一家之表率，慎之慎之！

——节选自《林则徐家书》

【注释】

1. 谕：告诉，吩咐（用于上级对下级或长辈对晚辈）。

2. 汝舟：林则徐长子林汝舟。

3. 编修：官名。翰林院官员。多以殿试一甲第二、三名及庶吉士之留馆者充任，无定员，掌纂修、著述等事。

4. 寸心：内心。

5. 侯官：地名，今福建福州。

二、朗朗上口

在了解诗文背景的基础上，借助标记符号朗诵诗文。参照相应的朗诵录音，不断提升自己的诵读水平。初期可以跟随录音诵读。

1　荀子·非十二子（节选）

【作者生平】

荀子（约前313—前238），名况，时人尊而号为“卿”，战国末期赵国人。著名思想家、教育家。荀子游历过齐、秦、楚等国，在齐国曾三次任稷下学宫的最高学官“祭酒”。在楚国，春申君举荐他为兰陵（治今山东兰陵县兰陵镇）令。李斯和韩非都是他的学生。荀子否定天命，强调人为，强调后天的教育改造，具有较多的唯物主义因素。荀子对儒家思想有所发展，提倡性恶论，其学说常被后人拿来跟孟子的“性善说”比较。著有《荀子》。《荀子》文章说理绵密，结构严整，笔力浑厚。

【写作背景】

《荀子·非十二子》是一篇考量春秋战国诸子得失的文章，是我们研究先秦诸子学说思想的一篇重要文献。主要评述了道、墨、名、法及儒家各流派的思想学说，依据“礼”的标准，对它嚣、魏牟、墨翟、慎到、惠施等十二人的思想进行了尖锐的批判和否定，而推尊以礼义为宗旨的孔子、子弓的学说，反映了荀子的思想特点。

教材节选的这部分通过对比，歌颂了士君子的美德。士君子是严格要求自己的人，但不是对别人苛求的人，更不是只看中结果的人。君子所追求的是不断地完善自我，但君子也一定明白：努力不一定会有结果。所以，君子更是能够坦然面对失意的人。即使在今天的社会中，荀子所赞颂的君子的这种坦然品格仍然是那么可贵！

【朗读指导】

荀子·非十二子（节选）

士君子之｜所能｜不能为：君子能为｜可贵，不能使人｜必贵己；能为｜可信，不能使人｜必信己；能为｜可用，不能使人｜必用己。故君子｜耻｜不修，不耻｜见污；耻｜不信，不耻｜不见信；耻｜不能，不耻｜不见用。是以｜不诱于誉，不恐于诽，率道而行，端然正己，不为物倾侧，夫｜是之谓｜诚君子。《诗》云："温温恭人，维德之基。"此之｜谓也。	陈述士君子哪些事可以做哪些事不能做。 表示君子可以自己成为有才能的人、成为可以信任的人、成为可用之人，但是不能要求别人这样对待自己。 阐述君子应当以什么为耻，不应当以什么为耻。 总结真正的君子的标准。

2　诫子书（节选）

【作者生平】

诸葛亮（181—234），字孔明，人称"卧龙"，琅邪阳都（今山东沂南南）人，三国蜀汉政治家、军事家。刘备在成都建立蜀汉政权，诸葛亮被任命为丞相。后主刘禅继位，诸葛亮被封为武乡侯，领益州牧，主持朝政。

诸葛亮勤勉谨慎，大小政事必亲自处理。他励精图治，赏罚严明，抑制豪强，任人唯贤；与东吴联盟，改善和西南各族的关系；实行屯田政策，务农积谷，加强战备。前后5次北伐中原，企图消灭曹魏，恢复汉室，终因实力悬殊，屡次失败。后与魏司马懿在渭南相抗，病死于五丈原军中。谥忠武侯。诸葛亮为匡扶蜀汉政权，呕心沥血，鞠躬尽瘁，死而后已。诸葛亮在后世受到极大尊崇，成为后世忠臣楷模，智慧化身。

【写作背景】

古人往往在家书中寄语子女弟侄，予以教诲与劝勉，这是中国古代家庭教育的一种方式。《诫子书》是诸葛亮晚年写给他儿子诸葛瞻的一封家书，劝勉儿子勤学立志，告诫儿子：修身养性要从淡泊宁静中下功夫，最忌怠惰险躁。文章既讲明修身养性的途径和方法，也指明了立志与学习的关系。全文通过深沉理性、简练谨严的文字，将普天下为人父者的爱子之情表达得非常深切，成为后世历代学子修身立志的名篇。

【朗读指导】

诫子书（节选）

夫｜君子之行，静｜以｜修身，俭｜以｜养德。非淡泊｜无以明志，非宁静｜无以	点出"静""俭"与"修身""养德"之间的关系。

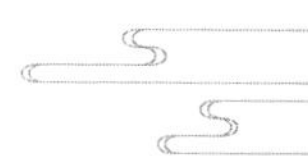

致远。夫｜学｜须静也，才｜须学也，非学｜无以广才，非志｜无以成学。慆慢｜则不能励精，险躁｜则不能治性。年与时驰，意与日去，遂成枯落，多不接世，悲守穷庐，将｜复｜何及！	强调“修身”“养德”忌讳的行为，以及一旦老了又一事无成时的悲凉。

3　林则徐家书（节选）

【作者生平】

林则徐（1785—1850），清末政治家。字元抚，福建侯官（今福州）人。嘉庆九年（1804）中举，十六年（1811）中进士，选庶吉士。曾与龚自珍、魏源、黄爵滋等人提倡经世之学。道光十八年（1838）在湖广总督任内，严厉禁烟，成效卓著。12月受命为钦差大臣，前往广东查禁鸦片。次年3月抵广州，与两广总督邓廷桢协力查办烟贩，严令英、美烟贩缴出鸦片237万多斤，在虎门海滩当众销毁；积极筹备海防，屡次打退英军挑衅。1840年1月任两广总督。6月鸦片战争爆发后，严密设防，使英军在粤无法得逞。林则徐是抵抗西方侵略的爱国政治家。史学界称之为近代中国“开眼看世界的第一人”。

【写作背景】

林则徐长年宦游在外，与家人聚少离多，因此留下十万余字的家书。这些家书内容广博，涉及政事、军务、家教等方面。林则徐共有3个儿子和4个女儿，他对子女要求极为严格，注重家教传承。在这封家书中，林则徐告诫长子汝舟要勤敬和睦，忌傲慢、奢华、浮躁，成为兄弟子侄的榜样。林则徐一生，为官有道，教子有方，堪称一代人臣典范。

【朗读指导】

林则徐家书（节选）

字谕｜汝舟儿：……尔｜年｜才二十八，已成｜进士，授职｜编修，是为｜侥幸｜成名，切不可｜自满。宜｜守｜三戒：一戒｜傲慢，二戒｜奢华，三戒｜浮躁。	提醒儿子莫要骄傲自满，应当坚守三条戒律。
尔｜既｜奉母弟｜居京华，务宜｜体吾｜寸心，常持｜勤敬与和睦。凡家庭间｜能守得｜几分｜勤敬，未有｜不兴；能守得｜几分｜和睦，未有｜不发。若｜不勤不和之家，未有｜不败者也。尔｜昔｜在侯官，将｜此四字｜于族或人家｜验之，必以｜吾言	告知儿子保持勤敬和睦的原因。

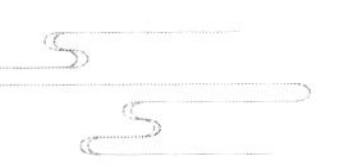

｜为有证也。尔｜性懒，书案上｜诗文｜乱堆，不好｜收拾洁净，此是｜败家气象，嗣后｜务宜｜痛改，细心｜收拾，即｜一纸一缕，皆宜｜捡拾｜伶俐，以为｜弟辈之榜样。……尔｜能勤，二弟｜皆｜学勤；尔｜能和，二弟｜皆｜学和；尔｜能孝，二弟｜皆｜学孝。尔｜为｜一家之表率，慎之｜慎之！

提醒儿子在细节处做好一家表率。

三、娓娓道来

1. 教材“博观约取”里介绍了孙思邈淡泊名利、悬壶济世的故事。孙思邈是我国医药事业发展过程中举足轻重的人物。孙思邈的医学巨著《千金方》，是中国历史上第一部临床医学百科全书。孙思邈认为，医生最大的职责应是治病救人，对其他则应无欲无求。请查阅资料，总结并整理孙思邈淡泊名利、潜心救人的故事，按时间顺序填入下表（此表可自行扩展）。

故事汇总表

时间	相关人物	故事

2. 在古代，像孙思邈这样淡泊名利、执着钻研的人还有很多，如教材里中提到的鲁国巧匠梓庆等人。请选取其中一位，按上述方式总结他（她）的故事（表格自行制作），并给同学们讲述。

3. 她是全国十佳师德标兵、全国先进工作者、全国十大女杰、全国五一劳动奖章等40多个荣誉的获得者，她是百名孩子口中的妈妈，她是山区女孩子的一线曙光，她以忘我的精神在华坪教育战线上辛勤奉献几十年，她用心血和汗水为华坪教育谱写着新篇章。她，就是张桂梅。

女子高中从2008年建校以来，每年的365个日夜，身患重症、满身药味儿、满脸浮肿的张桂梅住在女子高中的学生宿舍，与学生同吃、同住，陪伴学生学习。她每天早上5时起床，直至晚上12时30分才休息，日复一日，周而复始，常年如此。女子高中虽地处贫困山区，高考成绩却始终在全市名列前茅。请收集张桂梅的事迹（表格自行制作），并给同学们讲述她淡泊名利、终圆夙愿的故事。

四、跃跃欲试

（一）实践目标

只有淡泊宁静，方能潜心研读，方能致远，方能承担起民族、国家的发展大任。淡泊宁静是一种情怀和担当，是一种执着和信念，备受中国人推崇，是中华民族独特的道德追求和文化素养。通过寻找身边那些淡泊名利、潜心研究，为国家和民族做出杰出贡献的名人逸事，可以厚植家国情怀，学技自强，勇担时代重任。

（二）实践过程

1. 了解我省有哪些为国家和民族利益，淡泊名利、潜心研究、敬业乐业的代表人物，了解他们的人生轨迹。

2. 可以实地走访这些人的故居、相关纪念馆或博物馆，收集相关故事，感受这些代表人物沉静如水的精神境界，撰写关于此人的故居、相关纪念馆或博物馆的参观解说词。

（三）实践成果

参观解说词。

五、款款临风

请完成以下字帖描红。

士君子之所能不能为：君子能为可贵，不能使人必贵己；能为可信，不能使人必信己；能为可用，不能使人必用己。故君子耻不修，不耻见污；耻不信，不耻不见信；耻不能，不耻不见用。是以不诱于誉，不恐于诽，率道而行，端然正己，不为物倾侧，夫是之谓诚君子。《诗》云："温温恭人，维德之基。"此之谓也。

——节选自《荀子·非十二子》

夫君子之行，静以修身，俭以养德。非淡泊无以明志，非宁静无以致远。夫学须静也，才须学也，非学无以广才，非志无以成学。慆慢则不能励精，险躁则不能治性。年与时驰，意与日去，遂成枯落，多不接世，悲守穷庐，将复何及！

——节选自诸葛亮《诫子书》

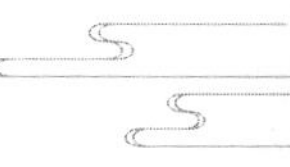

字谕汝舟儿：……尔年才二十八，已成进士，授职编修，是为侥幸成名，切不可自满。宜守三戒：一戒傲慢，二戒奢华，三戒浮躁。尔既奉母弟居京华，务宜体吾寸心，常持勤敬与和睦。凡家庭间能守得几分勤敬，未有不兴；能守得几分和睦，未有不发。若不勤不和之家，未有不败者也。尔昔在侯官，将此四字于族或人家验之，必以吾言为有证也。尔性懒，书案上诗文乱堆，不好收拾洁净，此是败家气象，嗣后务宜痛改，细心收拾，即一纸一缕，皆宜捡拾伶俐，以为弟辈之榜样。……尔能勤，二弟皆学勤；尔能和，二弟皆学和；尔能孝，二弟皆学孝。尔为一家之表率，慎之慎之！

——节选自《林则徐家书》

第七课　学无止境

一、声声入耳

扫二维码，听朗诵录音。参考注释，体会诗文中蕴含的思想感情。

学恶(wū)[1]乎始？恶乎终？曰：其数[2]则始乎诵经，终乎读礼；其义[3]则始乎为士，终乎为圣人。真积力久则入，学至乎没(mò)[4]而后止也。故学数有终，若其义则不可须臾舍也。为之，人也；舍之，禽兽也。

——节选自《荀子·劝学》

【注释】

1. 恶：何处，哪里。
2. 数：数术，即方法、办法。
3. 义：意义。
4. 没：同“殁”，死亡。

虽有佳肴[1]，弗食，不知其旨[2]也；虽有至道[3]，弗学，不知其善[4]也。是故[5]学然后知不足，教然后知困[6]。知不足，然后能自反[7]也；知困，然后能自强(qiǎng)[8]也。故曰：教学相长(zhǎng)[9]也。

——节选自《礼记·学记》

【注释】

1. 佳肴：美味的食物。肴，熟的鱼肉等。
2. 旨：味美。
3. 至道：最好的道理。
4. 善：好。
5. 是故：因此。
6. 困：困惑。

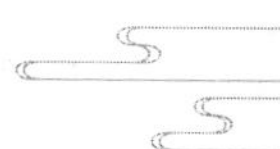

7. 自反：反过来要求自己，即自我反思。

8. 自强：自己奋发图强。强，使……强。

9. 教学相长：教和学是互相推动、互相促进的。

国子先生[1]晨入太学，招诸生立馆[2]下，诲之曰："业[3]精于勤荒于嬉（xī）[4]，行成于思[5]毁于随[6]。方今圣贤[7]相逢，治具[8]毕张[9]。拔去凶邪[10]，登崇畯（jùn）良[11]。占小善者率以录[12]，名一艺者无不庸[13]。爬罗剔抉（jué）[14]，刮垢（gòu）磨光[15]。盖有幸而获选，孰云多而不扬[16]？诸生业患不能精，无患有司[17]之不明[18]；行患不能成，无患有司之不公。"

——节选自韩愈《进学解》

【注释】

1. 国子先生：唐代对国子博士（官名）的尊称。元和七年（812）春，韩愈为国子博士，此为作者自称。唐代主管教育的机构为国子监，下设国子学、太学等七学，各学置博士，负责教学。

2. 馆：学舍。

3. 业：学业。

4. 嬉：游戏，玩耍。

5. 行成于思：德行由于独立思考而有所成就。行，德行。思，思考。

6. 随：因循随俗。

7. 圣贤：指圣君、贤臣。

8. 治具：治理的工具，主要指法令。

9. 毕张：全部得以实施。

10. 凶邪：凶恶奸邪之人。

11. 登崇畯良：提拔才德优良的人。畯，同"俊"。

12. 占小善者率以录：具备一点优点的人大都被录用。占，有，具备。率，都。录，录用。

13. 庸：同"用"，被任用。

14. 爬罗剔抉：指搜罗、选拔人才。爬，爬梳。罗，搜罗。剔，剔除。抉，选择。

15. 刮垢磨光：指精心造就人才。刮垢，刮去污垢。磨光，磨去毛瑕，使之光洁。

16. 盖有幸而获选，孰云多而不扬：意思是说只有才行有所不及侥幸被选拔的人，而绝无才行优异而不被提举的人。扬，提举。

17. 有司：负责选拔人才的官吏。

18. 明：明察。

观书有感

［宋］朱熹

半亩方塘一鉴开[1]，天光云影共徘徊[2]。

问渠那（nǎ）得清如许[3]？为[4]有源头活水[5]来。

【注释】

1. 一鉴开：一塘的水看起来像打开的一面镜子。鉴，镜子。

2. 天光云影共徘徊：天空的光彩和浮云的影子映射在塘水之中，不停地摇动，犹如人在徘徊。徘徊，来回移动。

3. 问渠那得清如许：要问为什么那方塘的水会这样清澈呢？渠，指方塘之水。那得，怎么会。那，同“哪”，怎么的意思。

4. 为：因为。

5. 源头活水：永不枯竭的源头为它源源不断地输送活水。比喻知识是不断更新和发展的，要在学习中不断探索，汲取新知。

二、朗朗上口

在了解诗文背景的基础上，借助标记符号朗诵诗文。参照相应的朗诵录音，不断提升自己的诵读水平。初期可以跟随录音诵读。

1　荀子·劝学（节选）

【作者生平】

略。

【写作背景】

战国后期，我国社会经历着划时代的变革。许多思想家从不同的立场和角度出发，对当时的社会变革发表各自的主张，并逐渐形成儒家、道家、墨家和法家等不同的派别。诸子百家纷纷著书立说，宣传自己的主张，批评别人，出现了“百家争鸣”的局面。

荀子作为战国后期儒家的代表人物，与孟子的性善论不同，他提出性恶论。他认为人性是恶的，但后天的客观环境可以使它改变，所以他特别重视学习，鼓励人们学习。《荀子·劝学》篇是《荀子》一书开宗明义的第一篇，以“学不可以已”作为贯穿全文的中心思想，论述了人的后天学习、改造的重要性及其途径方法，特别强调勤学、专一、礼法、贤师益友的作用。教材节选部分阐述了学习的内容和方法。

【朗读指导】

荀子·劝学（节选）

学｜恶乎｜始？恶乎｜终？曰：其数｜则｜始乎｜诵经，终乎｜读礼；其义｜则｜始乎｜为士，终乎｜为｜圣人。真积力｜久｜则入，学至乎没｜而后止也。故｜学数｜有终，若｜其义｜则｜不可｜须臾｜舍也。为之，人也；舍之，禽兽也。	点出学习的程序和意义。 陈述毕生好学的重要性。

2　礼记·学记（节选）

【作者生平】

《礼记》是中国古代儒家经典之一。西汉宣帝（前73—前49）时，戴德、戴圣从秦汉以前各种礼仪论著中辑录了两个选本，分别被后人称为《大戴礼记》和《小戴礼记》，后者一般简称为《礼记》。《礼记》共四十九篇，汉代郑玄作注，唐代孔颖达作正义。《礼记》内容博杂，记述了儒家礼教学说和先秦典章制度、风俗习惯等，是研究中国古代社会情况、典章制度和儒家思想的重要著作。

【写作背景】

《礼记》主要记载先秦的礼制，反映了先秦儒家在哲学、教育、政治等方面的思想。《学记》是《礼记》中的一篇，阐述了儒家的教育思想。《学记》汲取各家教学成功与失败的经验教训，系统地阐述了教育的目的、教学的原则和方法、教学制度、教师的地位和作用等，篇中强调尊师重教、教学相长、循序渐进、触类旁通、师德师风、择师之道等。

教材节选部分阐述了教与学的辩证关系，认为教与学是教学过程的两个方面，两者是相辅相成的。这是《学记》教育思想的精华，至今仍对我们有启发。

【朗读指导】

礼记·学记（节选）

虽有｜佳肴，弗食，不知｜其旨也；虽有｜至道，弗学，不知｜其善也。是故｜学｜然后知不足，教｜然后知困。知不足，然后｜能自反也；知困，然后｜能自强也。故曰：教学｜相长也。	点出自己亲自“学”“教”的必要性。 点出“学”“教”的关系。

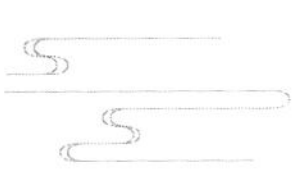

3 进学解（节选）

【作者生平】

韩愈（768—824），字退之，河南河阳（今河南省孟州南）人。祖籍昌黎（今辽宁义县），世称“韩昌黎”。唐代中期文学家、思想家、教育家。元和十二年（817），从宰相裴度平淮西之乱，任行军司马。淮西平定后，升任刑部侍郎。元和十四年，因谏阻宪宗迎佛骨，触怒宪宗，被贬为潮州刺史。宦海沉浮，累迁吏部侍郎，人称“韩吏部”。824年韩愈病逝，谥号为“文”，故称“韩文公”。

韩愈作为唐代古文运动的倡导者，名列“唐宋八大家”之首，与柳宗元并称“韩柳”。韩愈倡导“文道合一”“气盛言宜”“务去陈言”“文从字顺”等写作理论，对后世影响很大。韩愈的文章遒劲有力，条理畅达，语言精练，为司马迁之后文学史上杰出的散文大家。他开了“以文为诗”的风气，对后来的宋诗影响很大。有《昌黎先生集》。

【写作背景】

这篇文章约创作于唐宪宗元和八年（813），当时韩愈再降为国子学博士，心怀愤懑，作此文以自喻。进学，意谓勉励生徒刻苦学习，在学业、德行方面求取进步。解，解说，分析。全文假托先生劝学、生徒质问、先生再予解答的对话形式，抒发作者长期不受重用，反遭贬斥的不满情绪，也暗藏着对当时执政者不以才德取人、用人不公不明的讽刺。

《进学解》属于辞赋一类，押韵和对偶句的运用，使文章音调和谐，语句整齐流畅，增强了艺术感染力。同时，在内容上表达了封建时代正直而有才华、有抱负的知识分子的苦闷，批判了不合理的社会现象，具有典型意义，故而传诵不绝。

【朗读指导】

进学解（节选）

国子先生｜晨｜入太学，招诸生｜立馆下，诲之曰：“业精于勤｜荒于嬉，行成于思｜毁于随。方今｜圣贤相逢，治｜具｜毕张。拔去｜凶邪，登崇｜畯良。占小善者｜率以录，名一艺者｜无不庸。爬罗｜剔抉，刮垢｜磨光。盖有幸｜而获选，孰云多｜而不扬？诸生｜业｜患｜不能精，无患｜有司之不明；行｜患｜不能成，无患｜有司之不公。”

国子先生勉励诸生勤学多思。

国子先生陈述时下选拔人才公平公正。

国子先生告知诸生只需要专心精进学业，不需要担心人才选拔不公。

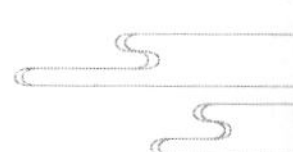

4　观书有感

【作者生平】

朱熹（1130—1200），字元晦，号晦庵。谥号文。祖籍徽州婺源（今属江西），出生于南剑州尤溪（今属福建）。南宋著名的理学家、教育家、诗人、闽学派的代表人物，世称朱子。青年时师事李侗，为二程（程颢、程颐）弟子。博览群书，广注典籍，对经学、史学、文学、乐律等有不同程度贡献。曾任知南康军（治所在今江西庐山市）、漳州（今属福建）知州、湖南安抚使等职。在做地方官时，注重减轻人民负担和兴办教育事业。主张抗金，反对言和，认为"和议有百害而无一利"。强调"蓄锐待时"，反对盲目用兵。由于主和派当权，朱熹被革除官职。朱熹讲学不倦，著作很多，有《四书章句集注》《周易本义》等。

朱熹在哲学上发展了程颐、程颢关于理气关系的学说，集理学之大成，建立了完整的理气一元论思想体系，世称"程朱理学"。其理论思想在明清两代被提到儒学正宗的地位，成为官方意识形态。其博览和缜密分析的学风对后世学者很有影响。

【写作背景】

《观书有感》这首诗约写于南宋淳熙三年（1176）春。朱熹游学三清山，在三清山的三清宫游憩时触景顿悟，有感而发作此诗。

这是一首抒发读书体会的哲理诗。诗人借景喻理，借助池塘水清因有活水注入的现象，表达要不断接受新事物，才能保持思想活跃与进步的想法。

【朗读指导】

观书有感

半亩方塘｜一鉴开，	平调。声音偏低，语速偏慢，描绘池塘像明镜一样的景象。
天光云影｜共徘徊。	降调。语气加重，强调清澈池塘中倒映的美好景致。
问渠那得｜清如许？	升调。语速加快，表疑问。
为有源头｜活水来。	降调。语气强烈、坚定，指出水之清澈是因为有源头活水——新知。

三、娓娓道来

1. 教材"博观约取"里介绍了黄宗羲勤学的故事。黄宗羲即使面对艰难的生活，也没放弃对学习的热情，其学问极高，对天文、算术、乐律、经史百家均有研究且精通。他的这种精神值得我们学习！请根据教材内容按时间顺序总结整理黄宗羲发愤勤学的故事并填写下列表格，同时查阅资料，拓展其有关事迹。

故事汇总表

时间	事迹概述	体现的个人品质	成就、著述
16 岁那年			
成年后			
60 多岁时			
80 多岁时			

2. 从古至今，像黄宗羲、唐伯虎一样勤学、好学、终身学习的人不胜枚举，凿壁偷光、囊萤映雪、悬梁刺股、闻鸡起舞、三月不知肉味等故事让我们赞叹不已。请你从中选取两个故事，查阅资料，给同学们讲述其中的细节。

3. 国际 21 世纪教育委员会在向联合国教科文组织提交的报告中指出，终身学习是 21 世纪人的通行证。在我们身边就有这样一位 80 多岁的学霸奶奶薛修敏，她用她终身学习的实际行动告诉我们该如何学习、如何面对未来。请查阅资料，整理出学霸奶奶薛修敏的故事，并给同学们讲述。

四、跃跃欲试

（一）实践目标

在寻求真理的漫漫长路上，唯有学习，不断地学习，勤奋地学习，有创造性地学习，才能越重山、跨峻岭。技工院校的学生要注重知识、技能等方面的学习，学会求知，学会做事，学会合作，学会做人。通过打卡学习、查阅资料、互相挑战等，可以激发学习热情，树立“活到老、学到老”的观念。

（二）实践过程

1. 下载“学习强国”App，每天坚持学习知识，并登记在每日学习打卡记录表上，学期末，班级根据强国分数的高低评出“学习达人”。

2. 到图书馆查阅资料，收集《论语》中关于学习的语句并进行分类，将其设计成标语、卡片、手抄报等，装饰教室，形成班级文化特色。

3. 你认为你所学的专业发展前景是什么？你对未来有什么期待？你现在能做什么学习

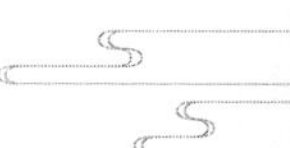

准备？请填写以下表格，同学间互相展示、互相挑战，看看谁的“未来狂想曲”更好！

未来工作设想和学习计划表

我的专业	
专业的发展前景	
未来的工作设想	
当前的学习计划	

（三）实践成果

1. 每日学习打卡记录表。
2. 有关《论语》的标语、卡片、手抄报等。
3. 未来工作设想和学习计划表。

五、款款临风

请完成以下字帖描红。

学恶乎始？恶乎终？曰：其数则始乎诵经，终乎读礼；其义则始乎为士，终乎为圣人。真积力久则入，学至乎没而后止也。故学数有终，若其

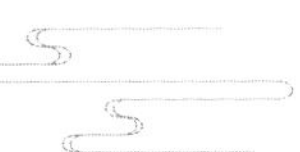

义则不可须臾舍也。为之，人也；舍之，禽兽也。

——节选自《荀子·劝学》

虽有佳肴，弗食，不知其旨也；虽有至道，弗学，不知其善也。是故学然后知不足，教然后知困。知不足，然后能自反也；知困，然后能自强也。故曰：教学相长也。

——节选自《礼记·学记》

国子先生晨入太学，招诸生立馆下，诲之曰："业精于勤荒于嬉，行成于思毁于随。方今圣贤相逢，治具毕张。拔去凶邪，登崇畯良。占小善者率以录，名一艺者无不庸。爬罗剔抉，刮垢磨光。盖有幸而获选，孰云多而不扬？诸生业患不能精，无患有司之不明；行患不能成，无患有司之不公。”

——节选自韩愈《进学解》

观书有感

［宋］朱熹

半亩方塘一鉴开，

天光云影共徘徊。

问渠那得清如许？

为有源头活水来。

第八课　精益求精

一、声声入耳

扫二维码，听朗诵录音。参考注释，体会诗文中蕴含的思想感情。

孔子学琴于师襄(xiāng)[1]子。襄子曰：“吾虽以击磬(qìng)为官[2]，然能于琴。今子于琴已习[3]，可以益[4]矣。”孔子曰：“丘未得其数[5]也。”有间[6]，曰：“已习其数，可以益矣。”孔子曰：“丘未得其志[7]也。”有间，曰：“已习其志，可以益矣。”孔子曰：“丘未得其为人[8]也。”

有间，曰：“孔子有所缪(miù)然[9]思焉，有所睪(gāo)然[10]高望而远眺(tiào)。”曰：“丘迨(dài)[11]得其为人矣，黮(dǎn)[12]而黑，颀然[13]长，旷如望羊[14]，奄有四方[15]。非文王其孰能为此？”

师襄子避席叶拱(gǒng)[16]而对曰：“君子圣人也，其传曰《文王操》[17]。”

——节选自《孔子家语·辩乐解》

【注释】

1. 师襄：春秋时鲁国乐官，孔子曾向其学琴。
2. 以击磬为官：指击磬的乐官。磬，古代打击乐器，用玉或石制成。
3. 习：熟习，熟练。
4. 益：增加，加多。指增加新内容，学习新内容。
5. 数：技巧，弹奏的手法。
6. 有间：过了一段时间。
7. 志：指要旨，要领，通过乐曲所表达出的思想感情。
8. 为人：作曲的人。
9. 缪然：穆然深思的样子，缪，同“穆”。
10. 睪然：高高的样子。睪，同“皋”。
11. 迨：至，及，等到。
12. 黮：黑。
13. 颀然：指身材修长的样子。
14. 旷如望羊：志向高远的样子。旷，志存高远。望羊，抬头仰视的样子。

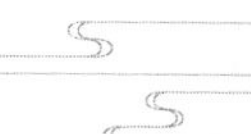

15. 奄有四方：统括四方。奄，覆盖，包。

16. 叶拱：古时的一种礼仪，即双手环拱靠近胸口。

17. 文王操：古琴曲名。相传为周文王所作。

干(gān)将[1]者，吴人[2]也，与欧冶子[3]同师，俱[4]能为(wéi)[5]剑。越前来献三枚，阖闾(hé lú)[6]得而宝[7]之，以故[8]使剑匠作为二枚，一曰干将，二曰莫邪(yé)。莫邪，干将之妻也。

干将作剑，采五山[9]之铁精、六合[10]之金英[11]，候天伺(cì)地[12]，阴阳同光[13]，百神临观，天气[14]下降，而金铁之精不销[15]沦流[16]。于是干将不知其由[17]。莫邪曰："子[18]以善[19]为剑闻于王[20]，使[21]子作剑。三月不成，其[22]有意乎？"干将曰："吾不知其理也。"莫邪曰："夫神物之化，须人而成。今夫子[23]作剑，得无[24]得其人而后成乎？"干将曰："昔吾师作冶，金铁之类不销，夫妻俱入冶炉中，然后成物。至今后世，即山作冶，麻绖(dié)[25]蒹(jiān)服[26]，然后敢铸金于山。今吾作剑，不变化者，其若斯耶？"莫邪曰："先师亲烁[27]身以成物，吾何难哉？"于是干将妻乃断发剪爪投于炉中。使童女童男三百人鼓橐(tuó)[28]装炭，金铁乃濡[29]，遂以成剑。阳曰干将，阴曰莫邪。阳作龟文，阴作漫理[30]。

干将匿[31]其阳，出其阴而献之，阖闾甚重。

——节选自《吴越春秋·阖闾内传》

【注释】

1. 干将：传说中的春秋末年吴国铸剑名匠。

2. 吴人：春秋时期吴国人。

3. 欧冶子：春秋时人。善铸剑。相传曾为越王勾践铸湛卢、巨阙、胜邪（一作"镆铘"）、鱼肠、纯钧五剑。又与干将为楚昭王铸龙渊、泰阿、工布（一作"工市"）三剑。

4. 俱：全，都。

5. 为：做。

6. 阖闾：春秋末期吴国国君。

7. 宝：以……为宝贝，意动用法，以之为宝，把它当作宝贝。

8. 以故：因此。

9. 五山：五方名山，代指天下名山。

10. 六合：指上下和东西南北四方。

11. 金英：与前文"铁精"形成呼应，意为金属精华。

12. 候天伺地：等待天时和地利。

13. 光：照耀。
14. 天气：大自然的元气，一说指气温。
15. 销：金属熔化。
16. 沦流：流动。
17. 由：原因。
18. 子：你。
19. 善：擅长。
20. 闻于王：被王知道。
21. 使：命令。
22. 其：同“岂”，是否。
23. 夫子：古代妻子对丈夫的尊称。
24. 得无：恐怕，是否，莫非。
25. 绖：古代丧期系在腰间或头上的麻带。
26. 蓑服：茅草衣，这里用作动词。
27. 烁：同“铄”，熔化。
28. 橐：用牛皮制成的两头相通的袋状鼓风设备，它的作用类似后世的风箱。
29. 濡：湿润，柔软，此处指熔化。
30. 漫理：如水漫流的纹理。
31. 匿：隐藏。

二、朗朗上口

在了解诗文背景的基础上，借助标记符号朗诵诗文。参照相应的朗诵录音，不断提升自己的诵读水平。初期可以跟随录音诵读。

1　孔子家语·辩乐解（节选）

【作者生平】

《汉书·艺文志》载有《孔子家语》27 卷，久佚，作者不详。今本 10 卷，44 篇。清代孙志祖有《家语疏证》。

【写作背景】

《孔子家语》是记录孔子及孔门弟子思想言行的重要著作。《孔子家语》的内容十分丰富，书中所记为孔子与其弟子、当时君卿大夫等的问对言语，以及关于孔子身世、求学、为政、施教的内容，是研究孔子和孔门弟子及古代儒家思想的重要文献，被学界誉为“孔

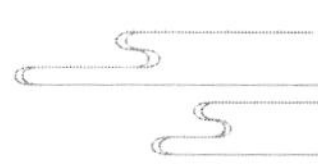

子研究第一书”。

《孔子家语·辩乐解》是《孔子家语》中第三十五篇。本篇主要记载了孔子“乐”的理论，因此以“辩乐”为篇名。孔子对于音乐以及音乐在社会生活中所起的作用十分重视，对音乐的学习也是十分重视的。本篇生动记载了他在音乐方面不断学习和勤于思考的情况。

【朗读指导】

孔子家语·辩乐解（节选）

孔子｜学琴｜于｜师襄子。襄子｜曰：“吾｜虽｜以击磬为官，然｜能于琴。今｜子｜于琴｜已习，可以｜益矣。”孔子｜曰：“丘｜未得｜其数也。”有间，曰：“已习｜其数，可以｜益矣。”孔子｜曰：“丘｜未得｜其志也。”有间，曰：“已｜习其志，可以｜益矣。”孔子｜曰：“丘｜未得｜其为人也。”

有间，曰：“孔子｜有所｜缪然｜思焉，有所｜睪然｜高望｜而远眺。”曰：“丘｜迨得｜其为人矣，黮而黑，颀然长，旷如｜望羊，奄有｜四方。非｜文王｜其孰能｜为此？”

师襄子｜避席｜叶拱而对曰：“君子｜圣人也，其传｜曰《文王操》。”

孔子在学琴时不厌其烦、精益求精。经历了习其曲（乐曲的形式）、习其数（弹奏的技巧）、得其志（曲子的意境）、得其为人（作者的情况）4个阶段。

2　吴越春秋·阖闾内传（节选）

【作者生平】

《吴越春秋》是一部史学著作，成书于东汉，赵晔撰。它主要记述了吴国自太伯至夫差、越国自无余至勾践的史事。其内容不拘泥于史实，加入了一些民间传说，是研究吴越历史的重要历史文献。赵晔，字长君，会稽山阴（今浙江绍兴）人，东汉经学家、史学家。约生活于明帝、章帝前后。初曾任县吏，因耻于奉迎而辞。后从杜抚习《韩诗》，穷究其术。至师杜抚死，才归故里。州上召补从事，不就。后卒于家。著有《吴越春秋》，记载吴、越两国历史，内容多为他书所未载。

【写作背景】

《吴越春秋·阖闾内传》记述了吴王阖闾从建城到称霸一方的过程，干将铸剑为其中的一个故事。作者讲述了阖闾将城墙筑成后，派人去请干将铸造两把宝剑，干将和妻子莫邪集天时、地利、人和，合力铸成举世无双宝剑的全过程。

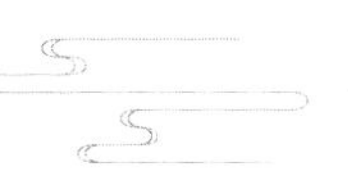

【朗读指导】

吴越春秋·阖闾内传（节选）

干将者，吴人也，与｜欧冶子｜同师，俱能｜为剑。越｜前来｜献三枚，阖闾｜得｜而宝之，以故｜使｜剑匠｜作为二枚，一曰｜干将，二曰｜莫邪。莫邪，干将之妻也。

干将｜作剑，采｜五山｜之铁精、六合｜之金英，候天｜伺地，阴阳｜同光，百神｜临观，天气｜下降，而｜金铁之精｜不销沦流。于是｜干将｜不知其由。莫邪｜曰："子｜以善为剑｜闻于王，使子｜作剑。三月｜不成，其有意乎？"干将｜曰："吾｜不知｜其理也。"莫邪｜曰："夫｜神物｜之化，须人｜而成。今｜夫子｜作剑，得无得其人｜而后成乎？"干将｜曰："昔｜吾师｜作冶，金铁之类｜不销，夫妻｜俱入｜冶炉中，然后｜成物。至今｜后世，即山｜作冶，麻绖｜葌服，然后｜敢铸金｜于山。今｜吾｜作剑，不变化者，其若｜斯耶？"莫邪｜曰："先师｜亲｜烁身｜以成物，吾｜何难哉？"于是｜干将妻｜乃｜断发剪爪投于｜炉中。使｜童女童男｜三百人鼓橐｜装炭，金铁｜乃濡，遂以｜成剑。阳曰｜干将，阴曰｜莫邪。阳作｜龟文，阴作｜漫理。

干将｜匿｜其阳，出｜其阴｜而献之，阖闾｜甚重。

干将、莫邪铸剑的过程并非一帆风顺，但他们没有放弃，坚持不懈，最终铸就一对名剑。

三、娓娓道来

1. 教材"博观约取"中再现了唐代诗人贾岛骑驴吟诗的故事，贾岛沉思诗中用"推"还是"敲"时，邂逅韩愈，两人一见如故讨论了一番，演绎了一段千古传诵的文坛佳话。贾岛字字斟酌、句句推敲的严谨创作形象深入人心，为他赢得了"苦吟诗人"的雅号。"推敲"的故事启示我们在写文章时，要反复比较，多加斟酌。请以"当贾岛邂逅韩愈"为题进行情景剧比赛，4~6 人一组，各小组制订活动计划。在演绎经典的过程中体会贾岛为诗忘我的境界和精益求精的创作精神。

2. 随着社会经济的飞速发展，我们在生活、学习和工作中使用的物品、工具或设备品类丰富。面临选择时，大家往往选择自己喜欢的产品。这其中，质量是必须考虑的。我们需要"高品质"，社会需要"高品质"，"中国制造"需要"高品质"。以小组为单位填写下表并上台介绍本小组喜欢的产品，思考"高品质"的意义及其与精益求精之间的关系，理解今天我们是"高品质"的消费者，而明天则是"高品质"的创造者。

产品汇总表

产品名称	品牌	优势	需要进一步改进的地方	给厂商的建议

3. 器物有形，匠心无界。小到一枚螺丝钉、一块智能芯片，大到卫星、火箭、高铁、航母，背后都离不开大国工匠身体力行的“执着专注、精益求精、一丝不苟、追求卓越”的工匠精神。不惰者，众善之师也。一个推崇工匠精神的国家和民族，全社会必将少一些浮躁、多一些纯粹，少一些急功近利、多一些宁静致远。请你利用网络、报刊、电视了解我国大国工匠的信息，比如潜心“铸剑励心”的航天巧匠王福利、从木工岗位走出来的汽修“老中医”张永忠、“航天焊匠”陈久友……把他们的信息制作成H5页面，并在微信朋友圈、微信群里分享。

四、跃跃欲试

（一）实践目标

2016年3月，工匠精神首次被写入政府工作报告，现又被写进国家“十四五”规划。工匠精神已然成为一个热词，频繁见于报刊、网络。弘扬工匠精神已成为国家和社会的诉求与共识。中华文明史实际上也是一部工匠史，红山文化玉雕、青铜器、四大发明、瓷器、丝绸，新中国两弹一星、大庆油田、神舟系列飞船……这些成就的背后，涌现的是一批又一批技术精湛的工匠。通过寻找身边那些体现工匠精神的故事，我们可以培养自身工匠精神，学技自强，勇担时代重任。

（二）实践过程

1. 了解我省有哪些独特的地方特色工艺，了解它们的发展过程。

2. 了解特色工艺背后的工匠故事。

3. 观看央视纪录片《大国工匠》《大国重器》。

4. 可以自由组成不超 5 人的小组共同完成，也可 1 人独立完成。

（三）实践成果

1. 在班会课上与同学分享我省特色工艺。

2. 撰写纪录片《大国工匠》《大国重器》观后感。

3. 通过文字或视频的形式，在微信朋友圈、短视频平台等处介绍体现工匠精神的当地特色工艺及其背后的工匠故事。

五、款款临风

请完成以下字帖描红。

孔子学琴于师襄子。襄子曰："吾虽以击磬为官，然能于琴。今子于琴已习，可以益矣。"孔子曰："丘未得其数也。"有间，曰："已习其数，可以益矣。"孔子曰："丘未得其志也。"有间，曰："已习其志，可以益矣。"孔子曰："丘未得其为人也。"

有间，曰："孔子有所缪然思焉，有所睪然高望而远眺。"曰："丘迨得其为人矣，黯而黑，颀然长，旷如望羊，奄有四方。非文王其孰能为此？"

师襄子避席叶拱而对曰："君子

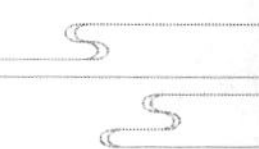

圣人也，其传曰《文王操》。”

——节选自《孔子家语·辩乐解》

干将者，吴人也，与欧冶子同师，俱能为剑。越前来献三枚，阖闾得而宝之，以故使剑匠作为二枚，一曰干将，二曰莫邪。莫邪，干将之妻也。

干将作剑，采五山之铁精、六合之金英，候天伺地，阴阳同光，百神临观，天气下降，而金铁之精不销沦流。于是干将不知其由。莫邪曰：“子以善为剑闻于王，使子作剑。三月不成，其有意乎？”干将曰：“吾不知其理也。”莫邪曰：“夫神物之化，须人而成。今夫子作剑，得无得其人而后成乎？”干将曰：“昔吾师作冶，金铁之类不销，夫妻俱入冶炉中，然后成物。至今后世，即山作冶，麻绖葌服，然后敢铸金于山。今

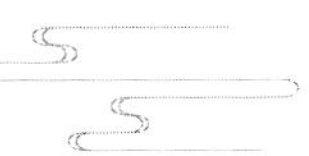

吾作剑，不变化者，其若斯耶？”莫邪曰：“先师亲烁身以成物，吾何难哉？”于是干将妻乃断发剪爪投于炉中。使童女童男三百人鼓橐装炭，金铁乃濡，遂以成剑。阳曰干将，阴曰莫邪。阳作龟文，阴作漫理。

干将匿其阳，出其阴而献之，阖闾甚重。

——节选自《吴越春秋·阖闾内传》

哲人之思

第九课　四心四端

一、声声入耳

扫二维码，听朗诵录音。参考注释，体会诗文中蕴含的思想感情。

由是观之，无恻隐[1]之心，非[2]人也；无羞恶之心，非人也；无辞让之心，非人也；无是非之心，非人也。恻隐之心，仁之端[3]也；羞恶之心，义之端也；辞让之心，礼之端也；是非之心，智之端也。人之有是四端也，犹[4]其有四体[5]也。有是四端而自谓不能者，自贼[6]者也；谓其君不能者，贼其君者也。凡有四端于我[7]者，知皆扩而充之矣，若火之始然[8]，泉之始达。苟[9]能充之，足以保[10]四海；苟不充之，不足以事父母。

——节选自《孟子·公孙丑上》

【注释】

1. 恻隐：同情，怜悯。
2. 非：不是。
3. 端：开端，起源。
4. 犹：如，同。
5. 四体：四肢。
6. 贼：中伤，败坏。
7. 我：自己。
8. 然：同“燃”。
9. 苟：如果，假如。
10. 保：安定，安抚。

乃[1]若其情，则可以为善矣，乃[2]所谓善也。若夫为不善，非才之罪也。恻隐之心，人皆有之；羞恶之心，人皆有之；恭敬之心，人皆有之；是非之心，人皆有之。恻隐之心，仁也；羞恶之心，义也；恭敬之心，礼也；是非之心，智也。仁义礼智，非由外铄[3]我也，

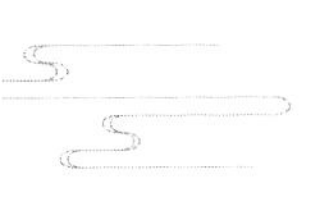

我固[4]有之也，弗[5]思耳矣。故曰："求则得之，舍则失之。"或相倍蓰[6]而无算者，不能尽其才者也。

——节选自《孟子·告子上》

【注释】

1. 乃：至于。
2. 乃：这才，才。
3. 铄：渗透。
4. 固：本来。
5. 弗：不。
6. 倍蓰：泛指几倍。

二、朗朗上口

在了解诗文背景的基础上，借助标记符号朗诵诗文。参照相应的朗诵录音，不断提升自己的诵读水平。初期可以跟随录音诵读。

1　孟子·公孙丑上（节选）

【作者生平】

孟子（约前372—前289），名轲，字子舆，邹（今山东邹城东南）人。战国时期思想家、政治家、教育家，是儒家学派的代表人物之一，与孔子并称"孔孟"，有"亚圣"之称。孟子是鲁国贵族孟孙氏之后，出生时，家道已衰落。幼年丧父，主要由母亲抚养成人。孟母很重视对孟子的教育，留下"孟母三迁""孟母断机杼"的典故。孟子长大成人后，曾受业于孔子的孙子子思的门人。学成之后，收徒讲学，游说诸侯，到过魏、齐、宋、滕等国。孟子曾为客卿数年，但其政治学说始终未能得到实施。晚年回到邹地，专心从事教育活动，与弟子万章、公孙丑等整理《诗经》《尚书》，阐发孔子思想，著成《孟子》。

【写作背景】

《孟子》由孟子与其弟子万章、公孙丑等共同编纂而成，主要记录孟子的言行和政治学说，约成书于战国中期。《孟子》全书现存7篇，体裁与《论语》大致相似。每篇分上下，以开头文字作篇名。南宋朱熹把《孟子》与《论语》《大学》《中庸》合在一起，并称"四书"，并编《四书章句集注》。《孟子》一书作为孟子主要言行的汇编，集中反映了他作为先秦儒家主要代表的基本思想，是中国思想史和儒学史上重要的典籍，在历史上有极大

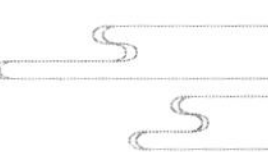

的影响。《孟子·公孙丑上》共9章，内容主要是论述仁政的问题。孟子在这一章中抨击了当时诸侯的暴政，劝说当时的君王推行仁政，从而实现统天下的“王道”。同时，孟子还论及个人修养以及人性等方面的问题，提出“四端说”“知言”、养“浩然之气”等重要观点。

【朗读指导】

孟子·公孙丑上（节选）

由是｜观之，无｜恻隐｜之心，非｜人也；无｜羞恶｜之心，非｜人也；无｜辞让｜之心，非｜人也；无｜是非｜之心，非｜人也。	分别阐述恻隐、羞恶、辞让、是非四心。从反面说起，无此四心即非人，强调四心是人本来就有的。
恻隐｜之心，仁｜之端也；羞恶｜之心，义｜之端也；辞让｜之心，礼｜之端也；是非｜之心，智｜之端也。人之｜有｜是｜四端也，犹其｜有｜四体也。	仁、义、礼、智之四端，分别对应恻隐、羞恶、辞让、是非之四心。将四端比为人之四体，暗指四心四端实为人所固有。
有是四端｜而｜自谓｜不能｜者，自贼｜者也；谓其君｜不能｜者，贼｜其君｜者也。	强调对自己固有四端不能自暴自弃；对君主固有四端不能擅加否定。
凡有｜四端｜于我｜者，知｜皆｜扩而充之矣，若｜火之｜始然，泉之｜始达。	强调人自有四端，要知道将它们全部扩充发展。
苟能｜充之，足以｜保四海；苟不｜充之，不足以｜事父母。	强调四端的重要性。

2　孟子·告子上（节选）

【作者生平】

略。

【写作背景】

《孟子·告子上》共20章。记录了孟子与告子围绕人性问题所展开的辩论，阐述了人性本善的观点，也谈到人的本性的保持问题。告子是战国时期思想家，与孟子同时。告子认为人性没有善恶之分，人性中的善是后天努力得来的；孟子则认为人的善性是上天赋予的。在教材节选的部分中，孟子指出恻隐、羞恶、恭敬、是非之心，“人皆有之”，这几种心是性善的根据，是仁、义、礼、智这些美德的萌芽，是人与生俱来的天赋。人之所以会变恶，是由于环境影响而不能尽其才的缘故。

【朗读指导】

孟子・告子上（节选）

乃若｜其情，则可以｜为善矣，乃所谓｜善也。若夫｜为不善，非｜才｜之罪也。恻隐｜之心，人皆｜有之；羞恶｜之心，人皆｜有之；恭敬｜之心，人皆｜有之；是非｜之心，人皆｜有之。恻隐｜之心，仁也；羞恶｜之心，义也；恭敬｜之心，礼也；是非｜之心，智也。仁｜义｜礼｜智，非由｜外铄｜我也，我固｜有之也，弗｜思耳矣。故曰："求｜则得之，舍｜则失之。"或相｜倍蓰｜而无算者，不能｜尽其才｜者也。

考察人的性情，本来就是可以为善而不可以为恶的，因此性本善可知。人之为不善，是因为物欲蒙蔽，而不是人的本性不善。

恻隐、羞恶、恭敬、是非四心，人人都有，这四心对应的是仁、义、礼、智，引发下文：仁、义、礼、智均为人本性所固有。

仁、义、礼、智，是人性善的外在表现，是人本来就有的。人与人在善行上的差距，在于个人修为不同，不思不求则会与他人相去甚远。

三、娓娓道来

1. 教材"博观约取"里介绍了周处改过自新，最终成为一名忠臣的故事。正所谓"浪子回头金不换"，周处的故事给愿意改过自新的人莫大的鼓舞。请查阅资料，总结并整理周处生平事迹，填入下表。

周处生平事迹表

周处	主要事迹	学习感悟
悔过自新	少时为害乡里，一朝醒悟，杀虎斩蛟，改过自新，拜师修身	浪子回头金不换。敢于改过自新，加强自我修养，终能成人、成才
为官晋朝		
以身殉国		
身后荣耀		
个人著作		
人物评价		

2. 包容谦让、与人为善是中华民族的传统美德。古语云："满招损，谦受益。"教材里

提到的六尺巷的典故，就是邻居之间谦逊礼让的例子。请查阅有关资料，按下表的方式整理有关信息。

六尺巷信息汇总表

六尺巷	要点概述	学习感悟
建筑格局		
主要景点		

3. 陶行知是中国教育家，曾经创办著名的南京晓庄师范学校。1932 年，晓庄师范学校遭查封，师范附小也被迫停课。附小的同学们不愿停课，于是组织了“自动学校”，互教互学。陶行知见此情景，当即赋诗一首：“有个学校真奇怪，大孩自动教小孩。七十二行皆先生，先生不在学如在。”同学们读了备受鼓舞。其中一名同学提出意见，认为“大孩自动教小孩”这句不太符合事实，应该改为“小孩自动教小孩”才对。陶行知先生听了十分惊喜，连忙谦虚地说：“你说得真好！现在就改！”立即将“大”改为“小”。一字之差，诗的表达更准确了。后来只要提起此事，陶行知便说，那位同学是自己的“一字师”。陶行知作为教育大家，虚心听取小学生的意见，还称其为自己的老师，真是虚怀若谷，令人钦佩。请查找相关资料，总结陶行知先生的事迹及其人性的光辉之处（表格自行制作），然后跟同学们分享自己发现的这些“宝藏”。

四、跃跃欲试

（一）实践目标

儒家思想作为中华传统文化的重要内核，对于凝聚民族精神、规范社会秩序、促进人与人和谐相处起到了无法替代的作用。通过寻找仁人志士的先进事迹，可以更深入地了解儒家关于人性的阐述，也便于更好地践行社会主义核心价值观。

（二）实践过程

查阅相关资料或实地走访名人故居、纪念馆、博物馆等，收集在“仁、义、礼、智、信”等方面的仁人志士的故事，感受儒家思想对他们的精神支撑作用。

整理编辑相关资料，做成“仁、义、礼、智、信”仁人志士档案卡（自行制作样式）或手抄报。

班级分享实践成果，讲述仁人志士的故事并分享自己的学习感悟。

（三）实践成果

“仁、义、礼、智、信”仁人志士档案卡。

“仁、义、礼、智、信”仁人志士手抄报。

五、款款临风

请完成以下字帖描红。

由是观之，无恻隐之心，非人也；无羞恶之心，非人也；无辞让之心，非人也；无是非之心，非人也。恻隐之心，仁之端也；羞恶之心，义之端也；辞让之心，礼之端也；是非之心，智之端也。人之有是四端也，犹其有四体也。有是四端而自谓不能者，自贼者也；谓其君不能者，贼其君者也。凡有四端于我者，知皆扩而充之矣，若火之始然，泉之始达。苟能充之，足以保四海；苟不充之，不足以事父母。

——节选自《孟子·公孙丑上》

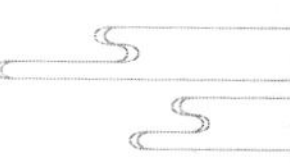

乃若其情，则可以为善矣，乃所谓善也。若夫为不善，非才之罪也。恻隐之心，人皆有之；羞恶之心，人皆有之；恭敬之心，人皆有之；是非之心，人皆有之。恻隐之心，仁也；羞恶之心，义也；恭敬之心，礼也；是非之心，智也。仁义礼智，非由外铄我也，我固有之也，弗思耳矣。故曰："求则得之，舍则失之。"或相倍蓰而无算者，不能尽其才者也。

——节选自《孟子·告子上》

第十课　化性起伪

一、声声入耳

扫二维码，听朗诵录音。参考注释，体会诗文中蕴含的思想感情。

凡[1]性[2]者，天之就[3]也，不可学，不可事[4]；礼义者，圣人之所生也，人之所学而能，所事而成者也。不可学、不可事而在人者谓之性，可学而能、可事而成之在人者谓之伪[5]。是性、伪之分也。……今人之性，饥而欲[6]饱，寒而欲暖，劳而欲休，此人之情性[7]也。今人饥，见长[8]而不敢先食者，将有所让[9]也；劳而不敢求息者，将有所代[10]也。夫子之让乎父、弟之让乎兄，子之代乎父、弟之代乎兄，此二行者，皆反于性而悖于情也；然而孝子之道，礼义之文理也。故顺情性则不辞让矣，辞让则悖于情性矣。用此观之，然则人之性恶明矣，其善者伪也。

——节选自《荀子·性恶》

【注释】

1. 凡：凡是。
2. 性：人的本性。
3. 就：造就。
4. 事：从事，做，人为。
5. 伪：同“为”，人为。
6. 欲：想要。
7. 情性：人之常情和天性。
8. 见长：看见长者。长，长者，长辈。
9. 让：谦让。
10. 代：代替（劳累）。

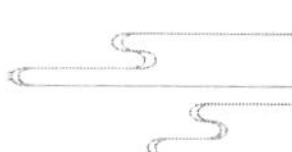

故圣人化性而起伪[1]，伪起而生礼义，礼义生而制法度。然则礼义法度者，是圣人之所生也。故圣人之所以同于众，其不异于众者，性也；所以异而过众者，伪也。夫好利而欲得者，此人之情性也。假之[2]人有弟兄资财而分者，且顺情性，好利而欲得，若是则兄弟相拂夺[3]矣；且化礼义之文理，若是则让乎国人矣。故顺情性则弟兄争矣，化礼义则让乎国人矣。

——节选自《荀子·性恶》

【注释】

1. 起伪：倡导人为的努力。

2. 假之：假如。

3. 拂夺：争夺。

二、朗朗上口

在了解诗文背景的基础上，借助标记符号朗诵诗文。参照相应的朗诵录音，不断提升自己的诵读水平。初期可以跟随录音诵读。

1　荀子·性恶（节选）

【作者生平】

略。

【写作背景】

荀子针对孟子的性善论，提出性恶论。他认为，自然而就的谓之“性”，后天人为的谓之“伪”。人若放纵“好利”“好声色”的本性，必导致争斗暴力。故圣人出而制定礼法，教化人们，于是辞让行，文理通，天下治。在此基础上，他提出“人之性恶，其善者伪也”的著名论点。《荀子·性恶》系统阐述了荀子“性恶论”思想。全篇围绕“人之性恶，其善者伪也”的观点展开。荀子所谓的“性”，是“不可学、不可事而在人者”，即天性，也就是文中提到的“情性”；而“伪”，则是“可学而能、可事而成之在人者”，即后天的努力、环境和教育。荀子认为人生而有耳目口腹之欲、贪利争夺之心，所以其天性是恶的。因此，需要通过学习去改变、矫正恶的天性，此即“化性起伪”。荀子的性恶论思想是在战国时期礼崩乐坏、战乱不断的大时代背景下产生的，具有极强的现实意义，是对儒家思想的发展。

【朗读指导】

荀子·性恶（节选）

凡性者，天之就也，不可学，不可事；礼义者，圣人之所生也，人之｜所学而能，所事｜而成者也。不可学、不可事｜而在人者｜谓之性，可学而能、可事而成之在人者｜谓之伪。是｜性、伪之分也。……	道出“本性”和“人为”的区别。
今｜人之性，饥｜而欲饱，寒｜而欲暖，劳｜而欲休，此｜人之情性也。今人饥，见长｜而不敢先食者，将｜有所｜让也；劳｜而不敢求息者，将｜有所｜代也。夫｜子之让乎父、弟之让乎兄，子之代乎父、弟之代乎兄，此｜二行者，皆｜反于性｜而悖于情也；然而｜孝子之道，礼义之｜文理也。故｜顺情性｜则不辞让矣，辞让｜则悖于情性矣。用此｜观之，然则｜人之性恶｜明矣，其善者｜伪也。	道出人性本恶。

2　荀子·性恶（节选）

【作者生平】

略。

【写作背景】

略。

【朗读指导】

荀子·性恶（节选）

故｜圣人｜化性而起伪，伪起｜而生礼义，礼义生｜而制法度。然则｜礼义法度者，是圣人之所生也。	阐述礼仪和法度是圣人为了改变恶的本性而制定的。
故｜圣人之所以｜同于众，其｜不异于众者，性也；所以｜异而过众者，伪也。	阐述圣人与众人的不同。
夫｜好利而欲得者，此｜人之情性也。假｜之人有弟兄资财而分者，且｜顺情性，好利｜而欲得，若是｜则｜兄弟相拂夺矣；且｜化礼义之文理，若是｜则｜让乎国人矣。故｜顺情性｜则弟兄争矣，化礼义｜则让乎国人矣。	阐述礼仪和法度的教化作用。

三、娓娓道来

1. 教材“博观约取”里介绍了吕蒙发奋学习、改变自我，令鲁肃惊讶的故事。历史上，吕蒙曾守陆口，袭取荆州西部三郡，彻底击败蜀汉名将关羽，拜南郡太守，封孱陵侯。历史上有很多名人对吕蒙给予高度评价。请查阅资料，总结并整理对吕蒙的评价，填入下表（此表可自行扩展）。

评价汇总表

评价人	评价内容	我的体会
鲁肃	吕子明，吾不知卿才略所及乃至于此也 吾谓大弟但有武略耳，至于今者，学识英博，非复吴下阿蒙	鲁肃开始以老眼光看待吕蒙，认为他有勇无谋。然而，随着交谈的深入，他惊诧地发现吕蒙变化很大，谈吐不凡，颇有见地。所以才有这样的评价 评价直接道出评价者的吃惊和感叹，反映了吕蒙的变化之大。从评价者的角度讲，不能用老眼光看人，应该看到他人的进步、成就或改变。从被评价者的角度讲，不必担心自己的起点低和暂时的落后，学习、奋斗可以改变自己、改变命运

2. 韩非（约前280—前233），战国时期韩国人，著名的思想家，先秦法家学派的代表人物。韩非师从荀子，受其影响，在人性本质上，韩非认为人是自私的，人做事是为了满足私心、私利，并进一步提出“人性利己说”。有人认为韩非是荀子的学生，在人性问题上提出的“人性利己说”是对老师荀子“性恶论”的进一步发展，有些人却不以为然。让我们踏寻古人足迹，寻个水落石出：请查阅、学习韩非“人性利己说”具体内容，对比荀子“性恶论”，讨论“人性利己说”是自成一体、相对独立的理论，还是对“性恶论”的继承和发展。

3. “君子养心莫善于诚。致诚则无它事矣，唯仁之为守，唯义之为行。”《荀子》中的这句话意思是说，君子修养心性，没有比做到真诚更好的了。做到了真诚也就没有其他的事情了，只要守住仁德，奉行道义就行了。荀子想告诉人们，一个人如果想要成为君子，就必须提高自己的思想境界，而最好的提高方法就是诚心诚意地对待每一个人或每一件事，

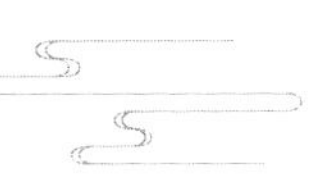

达到至诚的境界。君子以“诚”为贵，在当今社会，“诚”应该是每一个人都必须具备的品质，应该是各行各业都自觉践行的道德准则。新时代的技能青年应始终如一地把“诚”内化于心，贯穿生活、工作的始终。请分享自己对“君子养心莫善于诚。致诚则无它事矣，唯仁之为守，唯义之为行”的理解，并对自己开展“啄木鸟行动”——把自己曾经不诚的行为写到小纸条上，撕成碎片，揉成团，扔进垃圾桶，和不诚说声“再见”。

四、跃跃欲试

（一）实践目标

热爱学习、保持学习，进而修身明德是中华民族的优良传统。“读书志在圣贤”等名言警句影响着一代又一代的中国人。细数中国历史上的名人典故，有不少人因保持学习而化性起伪，也有不少人因学有所成而为人津津乐道……寻找历史上的和身边的保持学习、不断完善自我的榜样，主动向他们看齐，积极学习，努力奋斗。

（二）实践过程

1. 了解历史上和身边那些保持学习、不断完善自我的榜样的故事。
2. 整理收集相关资料，为榜样建档立卡。
3. 选择 1~2 个榜样，宣传推广他们的事迹，可以自制绘本，也可以编制系列海报，还可以录成小视频。
4. 班级分享实践成果，也可以上传视频网站，做转发、点赞、收藏量的排行。
5. 可以自由组成不超 5 人的小组共同完成，也可 1 人独立完成。

（三）实践成果

1. 榜样档案卡。
2. 榜样故事绘本、宣传海报或小视频等。

五、款款临风

请完成以下字帖描红。

凡性者，天之就也，不可学，不可事；礼义者，圣人之所生也，人之所学而能，所事而成者也。不可学、不可事而在人者谓之性，可学而能、

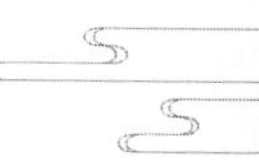

可事而成之在人者谓之伪。是性、伪之分也。……今人之性，饥而欲饱，寒而欲暖，劳而欲休，此人之情性也。今人饥，见长而不敢先食者，将有所让也；劳而不敢求息者，将有所代也。夫子之让乎父、弟之让乎兄，子之代乎父、弟之代乎兄，此二行者，皆反于性而悖于情也；然而孝子之道，礼义之文理也。故顺情性则不辞让矣，辞让则悖于情性矣。用此观之，然则人之性恶明矣，其善者伪也。

——节选自《荀子·性恶》

故圣人化性而起伪，伪起而生礼义，礼义生而制法度。然则礼义法度者，是圣人之所生也。故圣人之所以同于众，其不异于众者，性也；所以异而过众者，伪也。夫好利而欲得者，此人之情性也。假之人有弟兄资财而分者，且顺情性，好利而欲得，若是则兄弟相拂夺矣；且化礼义之文理，若是则让乎国人矣。故顺情性则弟兄争矣，化礼义则让乎国人矣。

——节选自《荀子·性恶》

第十一课　居安思危

一、声声入耳

扫二维码，听朗诵录音。参考注释，体会诗文中蕴含的思想感情。

晋侯以乐(yuè)之半[1]赐魏绛(jiàng)，曰："子教寡人和诸戎狄(róng dí)，以正诸华[2]。八年之中，九合[3]诸侯，如乐之和[4]，无所不谐[5]。请与子乐(lè)之。"辞曰："夫(fú)和戎狄，国之福也。八年之中，九合诸侯，诸侯无慝(tè)[6]，君之灵[7]也，二三子之劳也，臣何力之有焉？抑臣愿君安其乐而思其终也！《诗》[8]曰：'乐只[9]君子，殿[10]天子之邦。乐只君子，福禄攸(yōu)[11]同，便蕃[12]左右，亦是帅从。'夫乐以安德[13]，义以处之，礼以行之，信以守之，仁以厉[14]之，而后可以殿邦国，同福禄，来远人，所谓乐也。《书》曰：'居安思危。'思则有备，有备无患，敢以此规[15]。"

——节选自《左传·襄公十一年》

【注释】

1. 乐之半：乐器、乐女的一半。
2. 正诸华：整顿中原诸国。
3. 九合：多次会合。
4. 如乐之和：如同音乐和谐。
5. 谐：协调，和谐。
6. 无慝：不违背。
7. 灵：威。
8. 《诗》：即《诗经》。
9. 乐只：快乐。只，句中助词，不译。
10. 殿：镇抚。
11. 攸：助词，用法相当于"所"。
12. 便蕃：治理。
13. 乐以安德：音乐用以巩固德行。
14. 厉：同"励"，勉励。

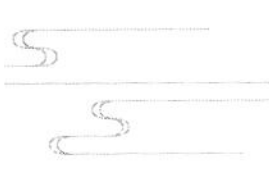

15. 规：规劝。

诚能见可欲[1]，则思知足以自戒；将有作[2]，则思知止以安人[3]；念高危，则思谦冲而自牧[4]；惧满盈[5]，则思江海下百川[6]；乐盘游[7]，则思三驱[8]以为度；忧懈怠，则思慎始而敬[9]终；虑壅(yōng)蔽[10]，则思虚心以纳下；想谗(chán)邪[11]，则思正身以黜(chù)恶[12]；恩所加，则思无因喜以谬赏[13]；罚所及，则思无以怒而滥刑。总此十思，宏兹九德[14]，简[15]能而任之，择善而从之，则智者尽其谋，勇者竭其力，仁者播其惠[16]，信者[17]效其忠。

——节选自魏徵《谏太宗十思疏》

【注释】

1. 见可欲：看见自己想要的东西。语出《老子》上篇：“不见可欲，使民心不乱。”下文的“知足”（知道满足）、“知止”（知道适可而止），出自《老子》下篇“知足不辱”“知止不殆”。

2. 作：建造，兴建。指大兴土木，营建宫殿苑囿等。

3. 安人：安民。

4. 念高危，则思谦冲而自牧：想到（自己的君位）高而险，就要不忘谦虚，加强自身的道德修养。冲，虚。牧，养。这里引用了《易经》“卑以自牧”的意思。

5. 满盈：容器中水满则溢出。指骄傲自满，听不进别人意见。

6. 江海下百川：江海居于百川之下。意思是说要有江海容纳众水的度量，善于听取各方面的意见。下，居……之下。

7. 乐盘游：以盘游为乐。盘游，娱乐游逸，指从事狩猎。

8. 三驱：指狩猎有度，不过分捕杀。

9. 敬：慎。

10. 虑壅蔽：担心（耳目被）堵塞、蒙蔽。

11. 谗邪：指爱说坏话陷害别人的邪恶之人。

12. 黜恶：斥退奸恶小人。黜，排斥。

13. 谬赏：不恰当地奖赏。

14. 宏兹九德：弘扬这九德。

15. 简：选拔。

16. 仁者播其惠：仁爱的人广施他们的恩惠。

17. 信者：诚信的人。

二、朗朗上口

在了解诗文背景的基础上，借助标记符号朗诵诗文。参照相应的朗诵录音，不断提升自己的诵读水平。初期可以跟随录音诵读。

1　左传·襄公十一年（节选）

【作者生平】

《左传》，又称《左氏春秋》《春秋左氏传》《春秋内传》，相传为春秋时期鲁国史官左丘明所著，是儒家经典之一。

左丘明，春秋时史学家。鲁国人。一说复姓左丘，名明；一说单姓左，名丘明。相传曾著《左传》，又传《国语》亦出其手。

【写作背景】

《左传》是中国古代一部叙事完备的编年体史书。《左传》不仅记载了春秋时代许多重要史事，还保存了此前的若干传说古史。有些记述已反映出某些进步的思想，如轻视鬼神而注重人事，强调君主忠于人民管好国家等。同时，它也显示出春秋时政治思想的一些特点，如不承认统一的专制君权，宣扬君臣为共同的国家利益而结合，双方都有选择的自由，不主张臣民绝对效忠于君主。

【朗读指导】

左传·襄公十一年（节选）

晋侯｜以乐之半｜赐魏绛，曰：“子｜教寡人｜和诸戎狄，以正诸华。八年之中，九合诸侯，如｜乐之和，无所不谐。请｜与子｜乐之。”辞曰：“夫｜和戎狄，国之福也。八年之中，九合诸侯，诸侯｜无慝，君之灵也，二三子之劳也，臣｜何力｜之有焉？抑｜臣｜愿君｜安其乐｜而思其终也！《诗》曰：‘乐只｜君子，殿｜天子之邦。乐只｜君子，福禄｜攸同，便蕃｜左右，亦是｜帅从。’夫｜乐｜以安德，义｜以处之，礼｜以行之，信｜以守之，仁｜以厉之，而后｜可以｜殿邦国，同福禄，来远人，所谓｜乐也。《书》曰：‘居安思危。’思｜则有备，有备｜无患，敢以此｜规。”

晋侯十分高兴，要把乐器和乐人分一半赐给魏绛以感谢魏绛的辅佐。

魏绛十分谦虚，辞谢再三，并提醒晋侯处于安定要想到危险。

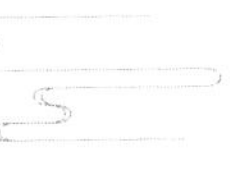

2　谏太宗十思疏（节选）

【作者生平】

魏徵（580—643），唐初政治家。字玄成，魏郡馆陶（今属河北）人，生于相州内黄（今河南内黄西北）。少孤贫好学，有大志。隋末农民起义爆发，魏徵诡为道士，以避世乱。后应瓦岗军李密之召，任文学参军，掌书记。武德元年（618），瓦岗军为王世充所败，魏徵随李密投奔李渊。二年十月，魏徵在黎阳被窦建德所俘，任起居舍人。四年，窦建德为唐朝所败，魏徵遂复归长安，任唐太子李建成洗马，劝建成早除李世民（太宗）。及太宗即位，擢为谏议大夫。性刚直，敢于犯颜直谏，前后所奏二百余事，多被采纳。贞观三年（629）任秘书监，参与朝政。后任侍中，封郑国公。当贞观之治已经形成以后，他仍然关心国家的安危。多次劝太宗以隋亡为鉴，居安思危，施行仁义；去奢省费，轻徭薄赋；举贤任能，斥佞退邪；坚持法治，力避任刑；虚怀纳谏，不责过激；偃武修文，少动干戈；善始令终，力防蜕变。

【写作背景】

《谏太宗十思疏》是魏徵于贞观十一年（637）呈给唐太宗的奏章。“疏”，即“奏疏”，是古代大臣向君主提谏的一种文体。太宗年轻时随父打天下，艰苦创业，随着功业已成，太宗开始追求享乐。魏徵为此非常担忧，规谏太宗吸取隋朝灭亡的教训，居安思危，修德图强。

【朗读指导】

谏太宗十思疏（节选）

诚｜能｜见可欲，则｜思知足｜以自戒；将有作，则｜思知止｜以安人；念高危，则｜思谦冲｜而自牧；惧满盈，则｜思江海｜下百川；乐盘游，则｜思三驱｜以为度；忧懈怠，则｜思慎始｜而敬终；虑壅蔽，则｜思虚心｜以纳下；想谗邪，则｜思正身｜以黜恶；恩所加，则｜思无因喜｜以谬赏；罚所及，则｜思无以怒｜而滥刑。总此｜十思，宏｜兹｜九德，简能｜而任之，择善｜而从之，则｜智者｜尽其谋，勇者｜竭其力，仁者｜播其惠，信者｜效其忠。

建议唐太宗在生活、用人、执行政策法令以及个人品德修养等方面做到“十思”。这“十思”充满声韵之美，如大海奔腾，浩荡开阔。

三、娓娓道来

1. 教材“博观约取”里介绍了狡兔三窟的故事，启示人们要像聪明的兔子那样，多准备几个躲避灾祸的方案。故事中冯谖居安思危、未雨绸缪，为孟尝君提前谋划避祸之处，

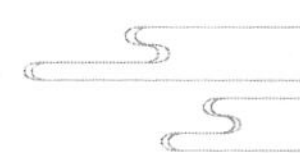

巩固了孟尝君的地位。请阅读教材，结合收集的资料，总结“三窟”分别指的是什么、冯谖又是通过什么举措提前准备的。

	内容	冯谖的举措
第一窟		
第二窟		
第三窟		

2. 居安思危的思想在中国历史上产生较早。历史上，孟子、司马相如、王安石、冯梦龙都留下过关于居安思危的名言警句。关于居安思危的例子也是不胜枚举，请你选取一个例子，按教材“博观约取”的写法写成故事，并讲述给同学们听。

3. 2019 年 5 月，美国商务部在毫无实据的情况下，宣布将中国某公司及其 70 家附属公司列入出口管制“实体名单”。这一极限绞杀行动意在切断该公司的命脉，阻遏中国高科技的发展。然而，让人意想不到的是，该公司迅速启用花费 10 余年投入研发的备用方案，从而确保了公司大部分产品的战略安全与连续供应。面对美国的极限绞杀，公司凭借长期以来居安思危、未雨绸缪的战略远见和奋斗创新精神，打了一个漂亮的绝地反击战！中国企业与中国企业家的这种精神，是中国不断攀登科技高峰的重要保证。请你根据以上材料，查找中国企业在经营中居安思危的措施或策略，整理成案例，讲给同学们听。

四、跃跃欲试

（一）实践目标

俗话说：“人无远虑，必有近忧。”进入新时代，社会经济迅猛发展，市场形势瞬息万变。当今世界正处于百年未有之大变局，各种风险和挑战层出不穷，作为新时代的青年，唯有不断增强忧患意识，在学习、工作、生活的磨砺中夯实职业技能，练就强大本领，才能在日益复杂的环境中不断进步和成长，担起责任，回馈社会。通过了解居安思危、未雨绸缪的故事，可以树立危机意识和忧患意识，进而留意当下的不足和危机，提前思考应对方案。

（二）实践过程

1. 收集和寻找历史或当下身边人居安思危、未雨绸缪的例子，从中总结出能运用到学习和生活中的启示，说说新时代青年应如何做到未雨绸缪。

2. 当今世界正处于百年未有之大变局，请查阅资料，从国家、社会、专业等角度，分析会有哪些变局，从中你看到哪些危机。有危就有机，你又可以抓住哪些机遇呢？请做思考和阐述。

3. 综合前两题的内容，以“居安思危，未雨绸缪”为主题编辑一份推文，转发给身边的人，以帮助大家树立忧患意识。

（三）实践成果

跟同学们分享自己的思考。

制作以“居安思危，未雨绸缪”为主题的推文。

五、款款临风

请完成以下字帖描红。

晋侯以乐之半赐魏绛，曰：“子教寡人和诸戎狄，以正诸华。八年之中，九合诸侯，如乐之和，无所不谐。请与子乐之。”辞曰：“夫和戎狄，国之福也。八年之中，九合诸侯，诸侯无慝，君之灵也，二三子之劳也，臣何力之有焉？抑臣愿君安其乐而思其终也！《诗》曰：‘乐只君子，殿天子之邦。乐只君子，福禄攸同，便蕃左右，亦是帅从。’夫乐以安德，义以处之，礼以行之，信以

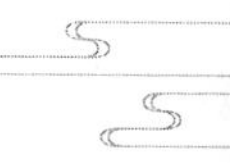

守之，仁以厉之，而后可以殿邦国，同福禄，来远人，所谓乐也。《书》曰：‘居安思危。’思则有备，有备无患，敢以此规。”

——节选自《左传·襄公十一年》

诚能见可欲，则思知足以自戒；将有作，则思知止以安人；念高危，则思谦冲而自牧；惧满盈，则思江海下百川；乐盘游，则思三驱以为度；忧懈怠，则思慎始而敬终；虑壅蔽，则思虚心以纳下；想谗邪，则思正身以黜恶；恩所加，则思无因喜以谬赏；罚所及，则思无以怒而滥刑。总此十思，宏兹九德，简能而任之，择善而从之，则智者尽其谋，勇者竭其力，仁者播其惠，信者效其忠。

——节选自魏徵《谏太宗十思疏》

第十二课　革故鼎新

一、声声入耳

扫二维码，听朗诵录音。参考注释，体会诗文中蕴含的思想感情。

公孙鞅（yāng）曰："臣闻之：'疑行无成，疑事无功[1]。'君亟（jí）[2]定变法之虑，殆（dài）[3]无顾天下之议之也。且夫有高人之行者，固见负[4]于世；有独知之虑者，必见骜（ào）[5]于民。语曰：'愚者暗[6]于成事，知[7]者见于未萌……'

…………

法者所以爱民也，礼者所以便事[8]也。是以圣人苟可以强国，不法其故[9]；苟可以利民，不循其礼。"

——节选自《商君书·更法》

【注释】

1. 疑行无成，疑事无功：行动迟疑就不会有什么成就，办事犹疑不决就不会取得成功。疑行、疑事，指做事犹豫不决。
2. 亟：急速，赶快。
3. 殆：必，一定。
4. 负：非议。
5. 骜：同"謷"，诽谤，诋毁。
6. 暗：看不见，不明白。
7. 知：同"智"，聪明。
8. 便事：方便做事，此处指有利于处理政务。
9. 不法其故：不去沿用旧的法度。法，效法。

今汉继秦之后，如朽木、粪墙[1]矣，虽欲善治之，亡可奈何。法出而奸生，令下而诈起，如以汤[2]止沸，抱薪救火，愈甚亡益也。窃[3]譬（pì）之琴瑟不调，甚者必解而更（gēng）张[4]之，乃可鼓[5]也；为政而不行，甚者必变而更化[6]之，乃可理也。当更张而不更张，虽有良工[7]不能善调也；当更化而不更化，虽有大贤不能善治也。故汉得天下以来，常欲善治而至今不可善治者，失之于当更化而不更化也。

——节选自董仲舒《对贤良策》

【注释】

1. 朽木、粪墙：朽坏的木头、污秽的土墙。
2. 汤：热水。
3. 窃：私自。
4. 更张：指重新调整琴瑟上的弦，使声音和谐。比喻变更或变革。
5. 鼓：弹奏。
6. 更化：更改变化。
7. 工：指乐工。

二、朗朗上口

在了解诗文背景的基础上，借助标记符号朗诵诗文。参照相应的朗诵录音，不断提升自己的诵读水平。初期可以跟随录音诵读。

1　商君书·更法（节选）

【作者生平】

《商君书》，又称《商君》或《商子》，是战国时商鞅及其后学著作的合编。商鞅（约前390—前338），战国时政治家、思想家。出身卫国君远支宗族，故称卫鞅或公孙鞅。初为魏相公叔痤家臣。公元前361年秦孝公即位，下令求贤。商鞅携带李悝《法经》入秦，深得孝公信任，主持秦国变法，使秦国迅速富强起来，跃居六国之上。前340年因战功封于商（今陕西丹凤西北），号商君，故人称商鞅。公元前338年，秦孝公死，秦惠王立，秦国的旧贵族诬告商鞅谋反，秦惠王将其车裂并灭其家。

【写作背景】

《商君书》着重论述了商鞅一派的变法理论和具体措施。商鞅一派主张从法律上保护土地私有权，而把统治权力集中于君主一人，同时反对用诗书礼乐和道德教化的手段治理国家。本篇节选自《商君书·更法》，记载了秦国实行变法之前革新派与守旧派围绕该不该变法，为什么要变法的问题展开的争论。秦孝公接替先君位置，发愤图强，想要通过变更法度来治理国家，改变礼制，教化百姓。商鞅鼓励秦孝公尽快变法，反驳因循守旧的迂腐之论。文中商鞅以古论今，旁征博引，在滔滔雄辩中一展其治世的才能。

【朗读指导】

商君书·更法（节选）

公孙鞅曰："臣｜闻之：'疑行无成，疑事无功。'君｜亟定｜变法之虑，殆无顾｜天下之议之也。且｜夫｜有高人之行者，固｜见负于世；有独知之虑者，必｜见骜于民。语曰：'愚者｜暗于成事，知者｜见于未萌……'

…………

法者｜所以｜爱民也，礼者｜所以｜便事也。是以｜圣人｜苟可以强国，不法｜其故；苟可以利民，不循｜其礼。"

公孙鞅娓娓道来，向国君阐述变法犹豫不决的弊端，以消除其疑虑，坚定其决心。

2 对贤良策（节选）

【作者生平】

董仲舒（前 179—前 104），西汉儒家今文经学大师，思想家和政治家。广川（治今河北景县西南）人。汉景帝时任博士，讲授《春秋公羊传》。元光元年（前 134），汉武帝举贤良文学之士，董仲舒提出一系列建议，系统提出加强中央集权制的主张，并建议"罢黜百家，独尊儒术"，为汉武帝所采纳，开此后两千余年封建社会以儒学为正统的先河。曾任江都相和胶西王相，后辞职回家，专门著书。但仍受到汉武帝尊重，朝廷每有大事，即派人到他家中征询意见。教育上，主张以教化为"堤防"，立太学，设庠序。著作有《春秋繁露》及《董子文集》。

【写作背景】

汉代初期，行"无为"之治，百姓休养生息，却也暴露了不少弊端。汉武帝即位后，想要施行"有为"之治，带着种种疑问，请各地推举贤良人才到朝廷。汉武帝策问董仲舒 3 次，这 3 次对策的文字，就是《对贤良策》，又称"天人三策"。

【朗读指导】

对贤良策（节选）

今｜汉继秦之后，如｜朽木、粪墙矣，虽｜欲善治之，亡可奈何。法出｜而奸生，令下｜而诈起，如｜以汤止沸，抱薪救火，愈甚｜亡益也。窃｜譬之｜琴瑟不调，甚者｜必解而更张之，乃可｜鼓也；为政｜而不行，甚者｜必变而更化之，乃可｜理也。当｜更张而不更张，虽｜有｜良工｜

一一分析、阐述社会问题，指出问题

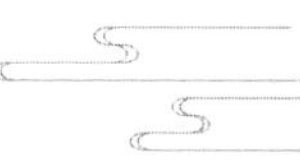

不能善调也；当｜更化而不更化，虽｜有｜大贤｜不能善治也。故｜汉得天下以来，常欲善治｜而至今不可善治者，失之于｜当更化｜而不更化也。	根本所在，表达出改革的必要性和紧迫性。

三、娓娓道来

1. 教材“博观约取”里介绍了春秋时期著名政治家子产进行改革的故事。子产实行过一系列改革措施：承认私田的合法性，向土地私有者征收军赋，把法律条文铸于鼎上——这是我国最早的成文法等。他还主张保留“乡、校”，听取百姓意见。他采用“宽猛相济”的治国方略，将郑国治理得秩序井然。请查阅资料，总结并整理子产改革的具体措施及意义，填入下表（此表可自行扩展）。

子产改革措施及意义汇总表

主要措施	意义

2. 中国古代有很多像子产这样谋求改革创新、造福百姓的人，例如，注重发展经济、反对空谈主义、主张改革以富国强兵的管仲，提出废井田、重农桑、奖军功、实行统一度量和建立县制的商鞅，等等。请你从中选取一位，按上一题的方式总结他（她）改革创新的举措和意义，并给同学们讲述背后的故事。

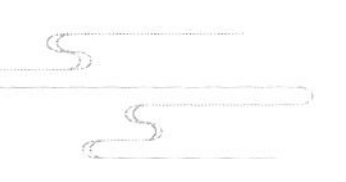

3. 周毅是浙江理工大学的一名学生，毕业后参加大学生志愿服务西部计划，来到四川省沐川县海云乡并成为海云乡同心村党支部书记。他正在按照循环经济发展模式带领大伙儿建设新农村。为了修建起全村第一个规范化养猪场，周毅自筹70 000余元。为了加强与外界的交流，他主动担任村组公路建设总指挥，亲自规划，身先士卒，先后用3个月时间带领群众修建、改建村级公路16千米……

请查阅周毅在当地敢于、善于带领大家破旧立新的小故事，并给同学们分享。

四、跃跃欲试

（一）实践目标

新时代，改革一直在路上。就乡村振兴事业而言，改革是不可或缺的一个重要工具，通过改革推动乡村振兴，可以凝聚乡村振兴的要素、突破乡村振兴的资源瓶颈。而在乡村振兴的时代浪潮中，绝不乏青年人的身影。通过寻找身边那些为乡村振兴做出杰出贡献的青年人的故事，可以更好地感受改革创新的力量，以及青年人在改革创新中的活力。

（二）实践过程

1. 通过实地走访或上网、看书，收集在当地乡村振兴中，青年人引领或积极参与当地改革创新的真实事迹，事迹要真实、有细节。

2. 可将这些事迹制作成推文或小视频，也可写1~2篇游记，真实记录所见所感（字数控制在500~1 000字），然后与同学们分享。

3. 可以自由组成不超5人的小组共同完成，也可1人独立完成。

（三）实践成果

1. 推文或小视频。

2. 1~2篇游记。

五、款款临风

请完成以下字帖描红。

公孙鞅曰：“臣闻之：‘疑行无成，疑事无功。’君亟定变法之虑，殆无顾天下之议之也。且夫有高人之行者，固见负于世；有独知之虑者，

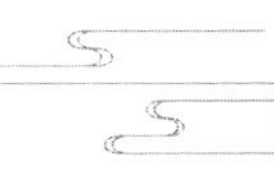

必见骜于民。语曰：‘愚者暗于成事，知者见于未萌……’

……………

法者所以爱民也，礼者所以便事也。是以圣人苟可以强国，不法其故；苟可以利民，不循其礼。”

——节选自《商君书·更法》

今汉继秦之后，如朽木、粪墙矣，虽欲善治之，亡可奈何。法出而奸生，令下而诈起，如以汤止沸，抱薪救火，愈甚亡益也。窃譬之琴瑟不调，甚者必解而更张之，乃可鼓也；为政而不行，甚者必变而更化之，乃可理也。当更张而不更张，虽有良工不能善调也；当更化而不更化，虽有大贤不能善治也。故汉得天下以来，常欲善治而至今不可善治者，失之于当更化而不更化也。

——节选自董仲舒《对贤良策》

民俗之情

第十三课　华夏衣冠

一、声声入耳

扫二维码，听朗诵录音。参考注释，体会诗文中蕴含的思想感情。

冠称元服[1]，衣曰身章[2]。曰弁(biàn)曰冔(xǔ)曰冕[3]，皆冠之号；曰履曰舄(xì)曰屣(xǐ)[4]，悉鞋之名。上公命服[5]有九锡[6]，士人初冠有三加[7]。簪缨(zān yīng)[8]缙绅(jìn shēn)，仕宦之称；章甫(fǔ)缝掖(yè)[9]，儒者之服。布衣即白丁之谓[10]，青衿(jīn)[11]乃生员之称。葛屦(jù)[12]履霜，诮(qiào)俭啬(sè)之过甚；绿衣黄里[13]，讥贵贱之失伦。上服曰衣，下服曰裳；衣前曰襟，衣后曰裾(jū)[14]。敝衣曰褴褛(lán lǚ)[15]，美服曰华裾[16]。襁(qiǎng)褓(bǎo)[17]乃小儿之衣，弁髦(máo)[18]亦小儿之饰。左衽(rèn)[19]是夷狄之服，短后[20]是武夫之衣。

——节选自《幼学琼林·衣服》

【注释】

1. 元服：冠，帽子。

2. 身章：衣服。

3. 弁、冔、冕：都是帽子的别称。弁，古代男子穿礼服时所戴的冠称弁。冕，古代帝王、诸侯、卿大夫所戴之礼帽，后专指帝王的礼帽。

4. 履、舄、屣：都是鞋子的别称。单底叫履，复底叫舄。屣，也是鞋。

5. 上公命服：上公，周制，三公（太师、太傅、太保）八命，出封时加一命，称为上公。命服，原指周代天子赐予元士至上公 9 种不同命爵的衣服。后泛指官员及其配偶按等级所穿的制服。

6. 九锡：古代天子赐给诸侯、大臣的 9 种器物，是一种最高礼遇。

7. 三加：古代男子行冠礼，初加缁布冠，次加皮弁，再次加爵弁，称为三加。

8. 簪缨：古代官吏的冠饰，后用以喻显贵。

9. 章甫缝掖：章甫，缁布冠。缝掖，宽袖的单衣，古时儒生所穿，后以缝掖代称儒生。

10. 布衣、白丁：布衣，布做的衣服，后也借指平民。白丁，犹言白身，即没有功名的人。

11. 青衿：青色交领的长衫。

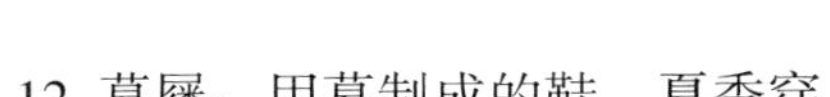

12. 葛屦：用葛制成的鞋，夏季穿。

13. 绿衣黄里：古时以黄色为正色，绿色为闲色。以闲色为衣，以正色为里，喻尊卑、贵贱颠倒失序。

14. 衣、裳、襟、裾：衣，上衣。裳，下衣。襟，上衣的前幅。裾，衣服的前襟，泛指衣襟。

15. 褴褛：形容衣服破烂，也指破烂的衣服。

16. 华裾：美丽的衣服。华，美观。

17. 襁褓：包裹、背负婴儿用的布、被之类。

18. 弁髦：古代男子成人，行冠礼，三加之后即不再用缁布冠，剃去垂髦，理发为髻。后用弁髦喻无用之物。髦，幼童垂于眉际的头发。

19. 左衽：古代少数民族的服装前襟向左，不同于中原一带人民的右衽。衽，衣襟。

20. 短后：衣之后幅较短，便于动作。

菩萨蛮[1]

［唐］温庭筠

小山[2]重叠金明灭[3]，鬓云[4]欲度[5]香腮雪[6]。懒起画蛾眉[7]，弄妆[8]梳洗迟。

照花前后镜，花面交相映。新帖绣罗襦[9]，双双金鹧鸪。

【注释】

1. 菩萨蛮：本唐教坊曲名，后用为词牌名，也用作曲牌名。
2. 小山：指屏风上的图案。一说小山指的是眉妆——小山眉。
3. 金明灭：形容阳光照在屏风上金光闪闪的样子。
4. 鬓云：像云朵似的鬓发，形容发髻蓬松如云。
5. 欲度：将掩未掩的样子。度，覆盖。
6. 香腮雪：香雪腮，雪白的面颊。
7. 蛾眉：女子的眉毛细长弯曲像蚕蛾的触须，故称蛾眉。
8. 弄妆：梳妆打扮，修饰仪容。
9. 罗襦：丝绸短袄。襦，短上衣。

谢人惠云巾方舄（xì）[1]二首（其二）

［宋］苏轼

胡靴短靿（yào）[2]格粗疏，古雅无如此样殊。

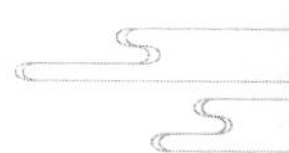

妙手[3]不劳盘[4]作凤[5]，轻身只欲化为凫(fú)[6]。

魏风褊(biǎn)俭堪羞葛，楚客豪华可笑珠。[7]

拟学梁家名解脱[8]，便于禅坐作跏趺(jiā fū)[9]。

【注释】

1. 舄：一种加木底的鞋。

2. 靿：靴筒。

3. 妙手：技艺高超的人。

4. 盘：回绕，盘曲。

5. 凤：这里指古代汉族妇女一种凤头形鞋子，亦称“凤头履”“凤翘”等。

6. 轻身只欲化为凫：意思是说穿上方舄，只觉身轻如凫。

7. 葛、珠：葛，以葛制成的鞋。夏季穿。珠，指珠履，缀珠的鞋。

8. 拟学梁家名解脱：拟，计划，打算。梁家，指梁武帝，曾制作出解脱履。解脱，解脱履，丝制的无跟履。

9. 便于禅坐作跏趺：禅坐，即坐禅。佛教僧尼修行的功课，每天在一定时间静坐，排除一切杂念，使心神恬静自在。跏趺，佛教徒的坐法，即所谓结跏趺坐。

二、朗朗上口

在了解诗文背景的基础上，借助标记符号朗诵诗文。参照相应的朗诵录音，不断提升自己的诵读水平。初期可以跟随录音诵读。

1　幼学琼林·衣服（节选）

【作者生平】

《幼学琼林》原名《幼学须知》，明程允升著。一说丘濬著。嘉庆年间，经邹圣脉增补，改为今名。

程允升籍贯及生平不详。邹圣脉，字宜彦，号梧冈，生于清康熙三十年（1691）。自幼聪颖过人，才名遍于乡梓。早年也曾属意科举，但因恃才傲物，不屑八股之文，遂屡试不第。晚年以一介布衣，隐居乡里，耕读自娱。其增补《幼学须知》即在他隐居乡里之时。

【写作背景】

《幼学琼林》是中国古代的蒙学课本，共4卷。博采自然、社会、历史、伦理等方面的知识典故，分类成篇，编成骈语，读来上口，且易记忆，受到广大诵习者欢迎，流传极广。

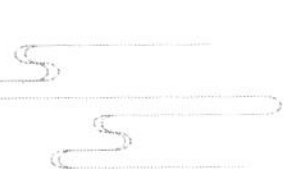

【朗读指导】

幼学琼林·衣服（节选）

冠｜称元服，衣｜曰身章。曰弁｜曰冔｜曰冕，皆｜冠之号；曰履｜曰舄｜曰屣，悉｜鞋之名。上公命服｜有九锡，士人初冠｜有三加。簪缨｜缙绅，仕宦之称；章甫｜缝掖，儒者之服。布衣｜即白丁之谓，青衿｜乃生员之称。葛屦｜履霜，诮｜俭啬之过甚；绿衣｜黄里，讥｜贵贱之失伦。上服｜曰衣，下服｜曰裳；衣前｜曰襟，衣后｜曰裾。敝衣｜曰褴褛，美服｜曰华裾。襁褓｜乃小儿之衣，弁髦｜亦小儿之饰。左衽｜是夷狄之服，短后｜是武夫之衣。

介绍帽子、服饰等的多样的表述方式，以及其适用人群、代表的特定含义。

2　菩萨蛮

【作者生平】

温庭筠（801—866），唐代诗人、词人。本名岐，字飞卿，太原（今山西太原西南）人。有天赋，文思敏捷。温庭筠诗词兼工，诗与李商隐齐名，时称“温李”。其诗辞藻华丽，多写闺情。其词更是刻意求精，注重文采和声情，成就在晚唐诸人之上，被尊为“花间鼻祖”。生性放浪不羁，好讥嘲权贵，取憎于时，因此累年不第。宣宗大中十三年（859），为随县尉，后改方城尉，官终国子助教。

【写作背景】

此词写闺怨之情，却不着一字点破，只是描写主人公起床前后一系列的动作，让读者由此去窥视其内心的隐秘。尤其是词的末两句“新帖绣罗襦，双双金鹧鸪”，不仅充分体现了温庭筠词密丽浓艳的风格，而且以咏物衬人情，更见蕴藉。

【朗读指导】

菩萨蛮

小山重叠｜金明灭，	平调。
鬓云欲度｜香腮雪。	平调。描写女子鬓发掠过洁白香腮的画面。
懒起｜画蛾眉，	降调。描写女子慢吞吞、意迟迟起床画眉的慵懒画面。
弄妆｜梳洗迟。	降调。
照花｜前后镜，	平调。描写女子插花时的细致动作。
花面｜交相映。	升调。表现出女子看到红花与容颜交相辉映时的满意心情。

新帖｜绣罗襦，	平调。
双双｜金鹧鸪。	降调。表现出女子看到裙子上所绣金鹧鸪时的淡淡忧愁。

3　谢人惠云巾方舄二首（其二）

【作者生平】

苏轼（1037—1101），北宋文学家、书画家。字子瞻，号东坡居士，眉州眉山（今属四川）人，嘉祐进士。神宗时曾任职史馆，因与王安石政见不合而求外职，任杭州通判，继知密、徐、湖三州。元丰二年（1079）七月以诗文谤讪新政的罪名被捕入狱，数月后获释，被贬为黄州团练副使，史称“乌台诗案”。哲宗时任翰林学士，曾出知杭州、颍州等，官至礼部尚书。后又贬谪惠州、儋州。徽宗即位，遇赦北归，第二年病死常州。南宋时追谥文忠。与父洵弟辙，合称“三苏”，俱被列入“唐宋八大家”。

【写作背景】

这是一首赋方舄的诗。从苏轼这首诗可以看出宋代的名士以穿方舄为古雅。他们认为“古雅无如此样殊”，把方舄作为礼品互相赠送。

【朗读指导】

谢人惠云巾方舄二首（其二）

胡靴｜短靿｜格粗疏，	平调。陈述胡人短靴的特点。
古雅｜无如｜此样殊。	升调。表达对他人所赠之物古雅别致的赞叹。
妙手不劳｜盘作凤，	平调。感叹凤头鞋手法之精妙。
轻身只欲｜化为凫。	升调。
魏风褊俭｜堪羞葛，	降调。
楚客豪华｜可笑珠。	降调。陈述楚国春申君门客的事迹。
拟学｜梁家｜名解脱，	升调。表达感慨。
便于｜禅坐｜作跏趺。	升调。表达感慨。

三、娓娓道来

1. 教材“博观约取”里提到了赵武灵王发起“胡服骑射”改革的故事。请查阅资料，从改革背景、改革过程、改革成效、历史意义 4 个方面向其他同学进行介绍。

2. 教材“博观约取”里讲述了留仙裙的典故。留仙裙裙身多有褶皱，类似今天的百褶裙。请查阅资料，找出 3 个以上描写留仙裙的经典诗词，并分享给身边同学。

3. 汉服在中国传统服饰中占据重要地位，首服、体衣、足衣、配饰等共同组成汉服的

衣冠系统。请以小组为单位，收集资料，选择一个朝代的一种人物身份，为其搭配首服、体衣、足衣及配饰；在课堂上，以小组为单位展示整体设计图，介绍设计过程及资料依据。

人物朝代：

人物身份：

	名称	样式特点	整体设计图
首服			
体衣			
足衣			
配饰			

四、跃跃欲试

（一）实践目标

每一款学生服饰的出现，都和时代变迁有着密切关系。回望历史进程，学生服饰的样式随着时代的变迁发生着很大的变化，不同历史时期的学生服饰总能代表那个时期的鲜明

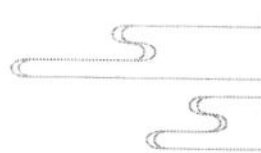

特色。

（二）实践过程

1. 查阅书籍或网络资料，感受学生服饰演变历程，探究其产生的原因及其特点。

2. 整理编辑相关资料，以海报的形式呈现学生服饰演变历程，以及其在各个时代的特点；也可选择一个历史阶段，进行重点介绍。

3. 在班级分享实践成果。

（三）实践成果

“学生服饰演变知多少”海报。

五、款款临风

请完成以下字帖描红。

冠称元服，衣曰身章。曰弁曰冔
曰冕，皆冠之号；曰履曰舄曰屣，悉
鞋之名。上公命服有九锡，士人初冠
有三加。簪缨缙绅，仕宦之称；章甫
缝掖，儒者之服。布衣即白丁之谓，
青衿乃生员之称。葛屦履霜，诮俭啬
之过甚；绿衣黄里，讥贵贱之失伦。
上服曰衣，下服曰裳；衣前曰襟，衣
后曰裾。敝衣曰褴褛，美服曰华裾。
襁褓乃小儿之衣，弁髦亦小儿之饰。
左衽是夷狄之服，短后是武夫之衣。

——节选自《幼学琼林·衣服》

菩萨蛮

［唐］温庭筠

小山重叠金明灭，鬓云欲度香腮雪。懒起画蛾眉，弄妆梳洗迟。

照花前后镜，花面交相映。新帖绣罗襦，双双金鹧鸪。

谢人惠云巾方舄二首（其二）

［宋］苏轼

胡靴短靿格粗疏，
古雅无如此样殊。
妙手不劳盘作凤，
轻身只欲化为凫。
魏风褊俭堪羞葛，
楚客豪华可笑珠。
拟学梁家名解脱，
便于禅坐作跏趺。

第十四课　茶饮闲话

一、声声入耳

扫二维码，听朗诵录音。参考注释，体会诗文中蕴含的思想感情。

巽(xùn)上人[1]以竹间自采新茶见赠酬之以诗

［唐］柳宗元

芳丛[2]翳(yì)[3]湘竹[4]，零[5]露凝清华[6]。

复此雪山客[7]，晨朝掇(duō)[8]灵芽[9]。

蒸烟[10]俯[11]石濑(lài)[12]，咫(zhǐ)尺凌[13]丹崖[14]。

圆方[15]丽[16]奇色[17]，圭璧[18]无纤[19]瑕[20]。

呼儿爨(cuàn)[21]金鼎，余馥(fù)[22]延[23]幽遐[24]。

涤虑[25]发[26]真照[27]，还源[28]荡昏邪[29]。

犹同甘露饭[30]，佛事薰毗(pí)耶[31]。

咄(duō)[32]此蓬瀛(yíng)侣[33]，无乃[34]贵流霞[35]。

【注释】

1. 巽上人：僧人，法号重巽。居永州龙兴寺。本诗作于柳宗元贬谪永州时。
2. 芳丛：茶树。
3. 翳：遮盖。此处用作被动，指茶树被竹林所掩映。
4. 湘竹：又名湘妃竹、斑竹、泪竹。此处用其字面义，指产于湘地之竹。
5. 零：落下。
6. 清华：清美华丽。常用以形容景物。
7. 雪山客：仙人。此处指重巽。
8. 掇：摘取。
9. 灵芽：对茶之嫩芽的美称。
10. 蒸烟：蒸茶的烟雾。

11. 俯：笼罩。
12. 石濑：水击石间而形成的急流。
13. 凌：升上。
14. 丹崖：被朝霞染红的山崖。
15. 圆方：指饼茶。
16. 丽：附着。这里指显现。
17. 奇色：美妙的色彩。
18. 圭璧：古时玉器名称，多为外圆内方，与饼茶形状相似，故在此喻茶饼。
19. 纤：细小。
20. 瑕：玉上的斑点。
21. 爨：烧火煮。
22. 余馥：从茶鼎中溢出的茶香。
23. 延：伸展。此处作飘散解。
24. 幽遐：幽深僻远处。
25. 涤虑：清除忧虑烦恼。
26. 发：现出。
27. 真照：真相。
28. 还源：返归本源，与“发真照”同义。
29. 荡昏邪：清除昏昧邪恶之念。
30. 甘露饭：斋饭。此处为借用佛教典故，形容茶的美妙芳香。
31. 毗耶：梵语，义译为平整庄严。诗文中常用来比喻精通佛法、擅说佛理之人。
32. 咄：表示感叹。
33. 蓬瀛侣：此处喻巽上人的茶。蓬瀛，蓬莱、瀛洲，相传均为仙山。
34. 无乃：相当于“恐怕”“只怕”。
35. 流霞：传说中的仙酒。

一字至七字诗·茶

［唐］元稹(zhěn)

茶，

香叶[1]，嫩芽[2]。

慕诗客[3]，爱僧家[4]。

碾雕白玉[5]，罗织红纱[6]。

diào
铫[7]煎黄蕊色[8]，碗转[9]曲尘花[10]。

夜后邀陪明月，晨前命对朝霞。

洗尽古今人不倦，将知醉后岂堪夸。

【注释】

1. 香叶：芳香的叶子。
2. 嫩芽：鲜嫩的芽。
3. 慕诗客：诗人喜欢茶的高雅清幽。诗客，诗人。
4. 爱僧家：出家之人看重茶的超凡脱俗。
5. 碾雕白玉：茶碾是白玉雕成的。
6. 罗织红纱：茶筛是红纱制成的。
7. 铫：一种带柄有嘴的小锅，煎茶器具。
8. 黄蕊色：指茶水汤色澄碧。
9. 转：摇动，漂荡。
10. 曲尘花：指茶汤上面的沫。曲尘，指茶。

尝　茶

［唐］刘禹锡

zhé
生拍[1]芳丛[2]鹰嘴芽[3]，老郎[4]封寄谪仙[5]家。

今宵更有湘江月[6]，照出菲菲[7]满碗花[8]。

【注释】

1. 生拍：唐代流行制作饼茶，在加工过程中把蒸煮舂捣后的茶坯放进模子里拍压成饼状。
2. 芳丛：散发清香的茶树，诗中指茶叶。
3. 鹰嘴芽：形容茶芽尖嫩如同鹰嘴。
4. 老郎：言寄茶者。作者的郎姓朋友，疑指郎士元，郎为天宝进士，比刘年长。
5. 谪仙：从天上谪降人间的仙人。借指被谪降的官员。这里系作者自称。
6. 湘江月：作者当时被贬为朗州司马，身处湘江之滨，夜晚可以临江对月品茶。
7. 菲菲：形容香气浓郁。
8. 花：疑指茶沫，或言指茶叶美妙如花。

汲（jí）江[1]煎茶

［宋］苏轼

活水[2]还须活火[3]烹，自临钓石取深清[4]。
大瓢贮月[5]归春瓮[6]，小杓（sháo）分江[7]入夜瓶。
雪乳[8]已翻[9]煎处脚[10]，松风[11]忽作泻时声。
枯肠未易禁三碗，坐听荒城[12]长短更[13]。

【注释】

1. 汲江：从江里打水。
2. 活水：从流动的江中取来的水。
3. 活火：有火苗的旺火。
4. 深清：深处清澈的江水。
5. 贮月：用大瓢舀江水，月亮映在瓢中。
6. 春瓮：此指盛水的瓮。
7. 分江：分离江水。指从江中取水。
8. 雪乳：形容煎茶时浮着的白色泡沫。
9. 翻：沸水翻滚。
10. 脚：茶脚。茶叶竖立水中如有头脚。
11. 松风：喻汤沸声或倒茶声。
12. 荒城：荒凉僻远之城。
13. 长短更：指报更敲梆子的次数。少者为短，多者为长。

二、朗朗上口

在了解诗文背景的基础上，借助标记符号朗诵诗文。参照相应的朗诵录音，不断提升自己的诵读水平。初期可以跟随录音诵读。

1　巽上人以竹间自采新茶见赠酬之以诗

【作者生平】

柳宗元（773—819），唐文学家、哲学家。祖籍河东（今山西永济西），世称柳河东。4岁即能读古赋，少时为文，有奇名。贞元进士，授校书郎，调蓝田尉，升监察御史里行。唐顺宗即位，柳宗元被擢升为礼部员外郎，协同王叔文等人，推行了一系列改革措施。失败后被贬为永州司马。柳宗元谪居永州9年，在抑郁悲凉心境中创作了大量哲学论著和文学精品。后迁柳州刺史，故又称柳柳州。柳宗元在柳州兴利除弊，发展生产，兴办学校，释放奴婢，政绩卓著。与韩愈倡导古文运动，并称“韩柳”，同列“唐宋八大家”。著有《河东先生集》。

【写作背景】

柳宗元于永贞元年（805）冬被贬至永州，至则无处可居，只得寄寓在永州龙兴寺，得以与僧人重巽相识结交。新春时节，重巽赠以新茶，柳宗元作诗回赠。观此诗，柳宗元心情较为平静，诗的前八句写茶树的生长、茶叶的采摘、成茶的形状及质量；后八句写煮茶、饮茶的妙趣等。诗人品茶时犹同尝到甘露一般舒畅，人亦好像蓬莱仙山的仙人一样，逍遥在霞光美景之中。全诗脉络清晰，笔触细腻清新，余韵无穷。

【朗读指导】

巽上人以竹间自采新茶见赠酬之以诗

芳丛｜翳｜湘竹，零露｜凝｜清华。	平调。介绍茶树的位置。
复此｜雪山｜客，晨朝｜掇｜灵芽。	平调。介绍采茶的人。
蒸烟｜俯｜石濑，咫尺｜凌｜丹崖。	升调。介绍采茶的环境。
圆方｜丽｜奇色，圭璧｜无｜纤瑕。	降调。介绍茶饼的形状和色泽。
呼儿｜爨｜金鼎，余馥｜延｜幽遐。	平调。介绍茶的气味。
涤虑｜发｜真照，还源｜荡｜昏邪。	平调。介绍茶的作用。
犹同｜甘露｜饭，佛事｜薰｜毗耶。	升调。
咄此｜蓬瀛｜侣，无乃｜贵｜流霞。	降调。点出茶的珍贵。

2　一字至七字诗·茶

【作者生平】

元稹（779—831），唐诗人。字微之，河南（府治今河南洛阳）人，居京兆万年（今陕西西安）。早年家贫。德宗贞元九年（793）举明经科。十九年登书判拔萃科，授校书郎。宪宗元和元年（806），登才识兼茂明于体用科，授左拾遗，后任监察御史。因得罪宦官及权臣，遭到贬斥。长庆二年（822），拜同中书门下平章事。以暴疾卒于武昌军节度使任所。与白居易友善，常相唱和，世称“元白”。有《元氏长庆集》。

【写作背景】

一字至七字诗是流行于唐代的一种诗体，在大多数的情况下，游戏的成分很重。《一字至七字诗·茶》，形式特别，朗朗上口，描绘了茶的形态、功用和人们对它的喜爱之情。这首唐代茶诗，具有形式美、韵律美、意蕴美，在诸多的咏茶诗中别具一格，精巧玲珑，堪

称一绝。

【朗读指导】

一字至七字诗·茶

茶，	平调。
香叶，嫩芽。	平调。语速偏慢，有品味之感。
慕｜诗客，爱｜僧家。	升调。传递喜爱之情。语速加快。
碾雕｜白玉，罗织｜红纱。	平调。语速放慢。
铫煎｜黄蕊｜色，碗转｜曲尘｜花。	平调。语速缓慢，语调悠长。有品味之感。
夜后｜邀陪｜明月，晨前｜命对｜朝霞。	升调。将茶的高雅之感表达出来。
洗尽｜古今｜人不倦，将知｜醉后｜岂堪夸。	降调。语速放慢。

3　尝　茶

【作者生平】

略。

【写作背景】

诗人在遭受贬谪之后获得老朋友寄赠的新茶，在湘江月下连夜烹煮，对月品味，思绪万千。

诗表面是写茶，其实是将采茶、寄茶、饮茶三个情景连接在一起，突出潦倒穷困时友情的弥足珍贵，表达了对老友的感怀之情。本诗按照“起、承、转、合”的脉络来写，由“采茶”起，以“寄茶”承，以“月夜”转，以“满碗花”作结并使意义延伸，非常流畅，毫无穿凿堆砌之嫌。

【朗读指导】

尝　茶

生拍｜芳丛｜鹰嘴芽，	平调。语速平缓。言简意赅地介绍所获茶叶的由来。
老郎｜封寄｜谪仙家。	平调。平中上扬，带有喜悦。陈述老友寄茶给我。
今宵｜更有｜湘江月，	升调。不但有收到茶礼的喜悦，更有深谙人意的湘江月挂在空中，喜上加喜。
照出｜菲菲｜满碗花。	降调。点出月下茶汤的样子。营造出一种清雅的氛围。

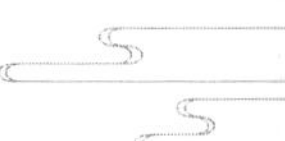

4　汲江煎茶

【作者生平】

略。

【写作背景】

此诗作于元符三年（1100）。作者被贬在儋州，这首诗就是诗人于这一年的春天在儋州作的。这是一首关于茶道的七律，诗中描写了从取水、煎茶到饮茶的全过程。该诗表现了诗人通达从容的人生态度，谪居心情写得甚为含蓄。全诗构思奇特，描写精细，笔风清新简淡。

【朗读指导】

汲江煎茶

诗句	朗读指导
活水｜还须｜活火烹，	平调。为自己亲自选水、汲水奠定理论基础。
自临｜钓石｜取深清。	平调。娓娓道来，讲述去哪里汲水，汲什么样的水。
大瓢｜贮月｜归春瓮，	升调。道出大瓢的用处。
小杓｜分江｜入夜瓶。	升调。道出小杓的用处。
雪乳｜已翻｜煎处脚，	降调。描述煎茶时茶的样子。
松风｜忽作｜泻时声。	升调。描述倒茶的声音。
枯肠｜未易｜禁三碗，	平调。语速偏慢。耐人寻味。
坐听｜荒城｜长短更。	降调。语速再行放慢，体会空寂之感。

三、娓娓道来

1. 教材“博观约取”里介绍了“茶圣”陆羽的故事，陆羽一生不恋财富、不爱权力、痴心寻茶、闭门著书，完成了世界上最早的一部茶学专著——《茶经》，对后世茶学产生了深远影响。请阅读陆羽的《茶经》，总结概括每一章的内容，选择3~5章填入下表（此表可自行扩展）。

章节名称	内容	印象深刻的句子
第一章	论茶树的名称、形状、品质，分析茶叶在不同自然条件下的优劣等，指出茶在怯烦健体方面可“与醍醐、甘露抗衡”的作用。强调茶“最宜精行俭德之人”，把茶与人的品德修养相联系，将茶提高到精神层面去认识	茶者，南方之嘉木也 为饮最宜精行俭德之人

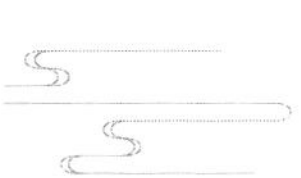

续表

章节名称	内容	印象深刻的句子

2. 自唐代陆羽的《茶经》问世以来，历代爱茶的人便开始为茶著书立说，如宋代蔡襄著《茶录》，宋代黄儒著《品茶要录》，明代许次纾著《茶疏》。请从中选取一本进行阅读，用自己的话向同学们介绍书中的主要内容。

3. 当代有很多有关茶的著作或诗文，请任选一部关于茶的著作或一篇关于茶的诗文，用自己的话向同学们介绍其主要内容以及读后感。

四、跃跃欲试

（一）实践目标

广东各地流传着各具特色的泡茶、饮茶习惯。有的地方人们创造出一套独特的冲泡茶技法，有的地方饮茶早已成为风尚，还有的地方泡茶、饮茶是重要的待客之道。通过调研，我们可以系统、深入地了解当地的泡茶技法或饮茶习惯和风俗。

（二）实践过程

1. 了解当地一种泡茶技法或饮茶习惯和风俗，用文字对其进行简要描述。
2. 通过查阅文献和调查研究，了解其形成过程。
3. 整理编辑相关资料，为其撰写解说词。
4. 录制宣传小视频并进行分享。
5. 可以自由组成不超 5 人的小组共同完成，也可 1 人独立完成。

（三）实践成果

1. 泡茶技法或饮茶习惯和风俗解说词。
2. 泡茶技法或饮茶习惯和风俗宣传小视频。

五、款款临风

请完成以下字帖描红。

巽上人以竹间自采新茶见赠酬之以诗

［唐］柳宗元

芳丛翳湘竹，零露凝清华。
复此雪山客，晨朝掇灵芽。
蒸烟俯石濑，咫尺凌丹崖。
圆方丽奇色，圭璧无纤瑕。
呼儿爨金鼎，余馥延幽遐。
涤虑发真照，还源荡昏邪。
犹同甘露饭，佛事薰毗耶。
咄此蓬瀛侣，无乃贵流霞。

一字至七字诗·茶

［唐］元稹

茶，
香叶，嫩芽。
慕诗客，爱僧家。
碾雕白玉，罗织红纱。
铫煎黄蕊色，碗转曲尘花。

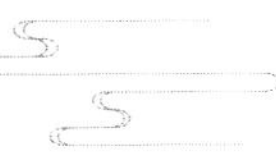

夜后邀陪明月，晨前命对朝霞。
洗尽古今人不倦，将知醉后岂堪夸。

尝茶

［唐］刘禹锡

生拍芳丛鹰嘴芽，老郎封寄谪仙家。
今宵更有湘江月，照出菲菲满碗花。

汲江煎茶

［宋］苏轼

活水还须活火烹，
自临钓石取深清。
大瓢贮月归春瓮，
小杓分江入夜瓶。
雪乳已翻煎处脚，
松风忽作泻时声。
枯肠未易禁三碗，
坐听荒城长短更。

第十五课　行俗路仪

一、声声入耳

扫二维码，听朗诵录音。参考注释，体会诗文中蕴含的思想感情。

杨柳枝词（其八）

［唐］刘禹锡

城外春风吹酒旗，行人挥袂(mèi)[1]日西时[2]。

长安陌[3]上无穷树，唯有[4]垂杨管[5]别离。

【注释】

1. 挥袂：挥动衣袖，告别时的动作。袂，袖子。
2. 日西时：黄昏。
3. 陌：道路。
4. 唯有：只有。
5. 管：寄托。

踏莎行[1]·祖席[2]离歌

［宋］晏殊

祖席离歌，长亭[3]别宴。香尘[4]已隔犹回面[5]。居人[6]匹马映林[7]嘶，行人[8]去棹(zhào)[9]依波转。

画阁[10]魂消[11]，高楼目断[12]。斜阳只送平波远。无穷无尽是离愁，天涯地角寻思[13]遍。

【注释】

1. 踏莎行：词牌名。
2. 祖席：古代出行时祭祀路神曰祖。后来称饯别的宴会为祖席。
3. 长亭：古时于道路每隔十里设长亭，供行旅歇息。近城者常为送别之处。
4. 香尘：地上落花很多，尘土都带有香气，因此称香尘。

5. 回面：回顾。
6. 居人：指留在家里的人。
7. 映林：隔林。
8. 行人：出行的人。相对前句的“居人”而言。
9. 去棹：离去的船。棹，船桨。此处指代船。
10. 画阁：彩绘华丽的楼阁。
11. 魂消：形容极其哀愁。
12. 目断：望尽，极目力所及。
13. 寻思：思索，考虑。

送别

李叔同

长亭外，古道边，芳草碧连天。

晚风拂柳笛声残，夕阳山外山。

天之涯，地之角，知交[1]半零落[2]。

一觚（gū）[3]浊酒尽余欢，今宵别梦[4]寒[5]。

长亭外，古道边，芳草碧连天。

问君此去几时来，来时莫徘徊。

天之涯，地之角，知交半零落。

人生难得是欢聚，唯有别离多。

【注释】

1. 知交：知心朋友。
2. 零落：指草木凋落，比喻死亡。
3. 觚：古代酒器，盛行于中国商代和西周初期。
4. 别梦：指离别后思念之梦。
5. 寒：即冷清凄苦之意。

二、朗朗上口

在了解诗文背景的基础上，借助标记符号朗诵诗文。参照相应的朗诵录音，不断提升

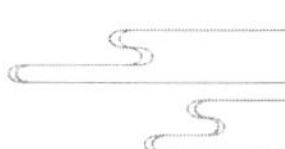

自己的诵读水平。初期可以跟随录音诵读。

1　杨柳枝词（其八）

【作者生平】

略。

【写作背景】

《杨柳枝词》共 9 首，当为刘禹锡晚年所作。其将杨柳之体态、风韵、情思以及与杨柳有关的故事与习俗巧妙地运用于咏杨柳中，且诗歌含情婉转，风情宛然，声韵和谐，流丽而多韵味，使人咏之而兴味不尽。

【朗读指导】

杨柳枝词（其八）

城外｜春风｜吹酒旗，	平调。点出送别地点是城外的酒馆。
行人｜挥袂｜日西时。	平调。略显伤感。点出夕阳西下的离别时刻。
长安｜陌上｜无穷树，	升调。陈述树木无数，与下一句的“唯有”形成对比，更加突显杨柳寄离别愁绪的寓意。
唯有｜垂杨｜管别离。	降调。寄情于杨柳，表达离别的伤感。

2　踏莎行·祖席离歌

【作者生平】

晏殊（991—1055），北宋政治家、文学家。字同叔，抚州临川（今江西抚州）人。出身清贫，景德中应神童试，与进士千余人同试廷中，神气自若，援笔立成，赐同进士出身。庆历中官至集贤殿大学士、同中书门下平章事兼枢密使。病卒于家，谥元献。其词擅长小令，多表现诗酒生活和悠闲情致，语言婉丽。有《珠玉词》传世。

【写作背景】

《踏莎行·祖席离歌》是一首咏别情的词。上片写饯行的情景，开始写送别场面，然后分别从送行者、行者两方面写离情，一方面表现送行者的依依难舍，另一方面叙写行人的不忍离去；下片单从送行者方面写对行者的思念，因行者从水路乘船走，所以仍紧扣水波写。此词写饯别相送及别后的怀思，均情景逼真，含蕴无尽。如一幅丹青妙手绘的春江送别图，令读者置身其间，真切地感受到作者的缱绻深情。

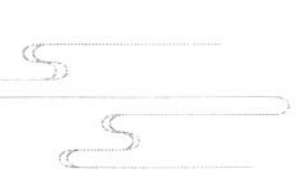

【朗读指导】

踏莎行·祖席离歌

祖席｜离歌，长亭｜别宴。	平调。
香尘｜已隔｜犹回面。	降调。略显伤感。表达离别时的依依不舍。
居人｜匹马｜映林嘶，	升调。描绘出送行人和行人距离逐渐变远的场景。
行人｜去棹｜依波转。	降调。
画阁｜魂消，高楼｜目断。	平调。点出送行人迟迟不肯离开送别之地。
斜阳｜只送｜平波远。	降调。“只送”表达出送行人幽怨又无可奈何的心情。
无穷无尽｜是离愁，	升调。送行人放纵自己的思绪，让离情随波而去，遍绕天涯。
天涯地角｜寻思遍。	降调。表达离别后强烈的相思之情。

3 送 别

【作者生平】

李叔同（1880—1942），近代教育家、书法家、画家、僧人。名文涛，字息霜，浙江平湖人，生于天津。出身于清进士、盐商家庭。擅长书画、篆刻，工诗词。1898 年支持康有为、梁启超戊戌维新变法，失败后南逃上海，参加城南文社。1900 年组织成立上海书画公会。1901 年入南洋公学。1905—1910 年间在日本东京学西洋绘画和音乐。曾同曾孝谷等创立春柳社，参加话剧《茶花女》《黑奴吁天录》的演出。1906 年创办《音乐小杂志》。1910 年回国，1912 年入南社，任《太平洋报》副刊画报主编。1915 年任南京高等师范美术主任教习。1918 年在杭州虎跑寺出家，法名演音，号弘一。创设南山律学院，弘扬南山戒律。

【写作背景】

《送别》是李叔同 1914 年写的一首歌词，对近代词曲影响极大。这首恬淡舒缓、柔情委婉的歌曲，音乐与修辞的结合堪称完美，传达出万物无常的言外之意，为广大音乐喜好者传唱，历久不衰。这首歌词语言精练，感情真挚，意境深邃。吟诵它，在我们眼前会展现出这样一幅画卷：长亭、古道、拂柳、夕阳、芳草，在夕阳残照中，群山连绵，笛声凄婉……凄美的景象中，有一种既伤感又凄凉的情思不知不觉在我们心中产生。

【朗读指导】

送 别

长亭外，古道边，芳草｜碧连天。 晚风｜拂柳｜笛声残，夕阳｜山外山。	道出送别行人的伤感，以及对再次相见的殷殷期盼。

天之涯，地之角，知交｜半零落。
一觚浊酒｜尽余欢，今宵｜别梦寒。
长亭外，古道边，芳草｜碧连天。
问君｜此去｜几时来，来时｜莫徘徊。
天之涯，地之角，知交｜半零落。
人生难得｜是欢聚，唯有｜别离多。

三、娓娓道来

1. 教材“博观约取”里介绍了“灞桥折柳”的故事。古时盛行折柳相赠的风俗。请查找资料，了解古人出行时为什么要折柳相赠。

2. 教材“源远流长”中介绍了出行择吉、祖道饮饯、临行赠别、长亭送别、接风洗尘等出行礼俗，请参考教材并查阅资料，尝试追溯这些礼俗的起止年代，总结其主要内容和寓意，并完成下表。

出行礼俗汇总表

出行礼俗	礼俗起止年代	礼俗内容	礼俗寓意
出行择吉			
祖道饮饯			
临行赠别			
长亭送别			
接风洗尘			

3. 现代人出行保留了部分古时礼俗，也慢慢形成了一些新的礼俗，如握手告别等，这些礼俗在日常生活中规范着人们的行为举止。请了解现代人尤其是广东当地居民出行都有哪些礼俗，并完成下表。

现代出行礼俗汇总表

礼俗名称	礼俗内容	礼俗寓意

四、跃跃欲试

（一）实践目标

交通工具是现代人生活中不可或缺的。随着时代的发展和科学技术的进步，交通工具越来越多，如陆地上的汽车，海洋上的轮船，天空中的飞机等。这些交通工具给人们的生活带来了极大的便利。但是，他们在带来便利的同时，也容易引发环境污染、交通事故等问题。作为青年人，我们应大力宣传并带头做到文明出行、绿色出行，为构建和谐美好的社会尽自己的一份力。

（二）实践过程

1. 查找资料，了解人类交通工具的发展历史。可以时间为顺序列举各类交通工具的发展历史并附上简单说明和图片。

2. 以“文明出行”为主题录制一个小视频并在班会课上进行播放和讲解，可以展示文明出行行为或不文明出行行为。

3. 也可以“绿色出行”为主题录制一个小视频，可以列举生活中绿色的出行方式。要做到图文并茂。

（三）实践成果

1. 交通工具发展史文本及图片。

2. “文明出行”的宣传小视频。

3. “绿色出行”的宣传小视频。

五、款款临风

请完成以下字帖描红。

杨柳枝词（其八）

［唐］刘禹锡

城外春风吹酒旗，

行人挥袂日西时。

长安陌上无穷树，

唯有垂杨管别离。

踏莎行·祖席离歌

［宋］晏殊

祖席离歌，长亭别宴。香尘已隔犹回面。居人匹马映林嘶，行人去棹依波转。

画阁魂消，高楼目断。斜阳只送平波远。无穷无尽是离愁，天涯地角寻思遍。

送别

李叔同

长亭外，古道边，芳草碧连天。
晚风拂柳笛声残，夕阳山外山。
天之涯，地之角，知交半零落。
一觚浊酒尽余欢，今宵别梦寒。

长亭外，古道边，芳草碧连天。
问君此去几时来，来时莫徘徊。
天之涯，地之角，知交半零落。
人生难得是欢聚，唯有别离多。

第十六课　传统节日：清明

一、声声入耳

扫二维码，听朗诵录音。参考注释，体会诗文中蕴含的思想感情。

长安清明

［唐］韦庄

蚤(zǎo)[1]是伤春梦雨天，可堪[2]芳草更芊(qiān)芊[3]。

内官[4]初赐清明火[5]，上相[6]闲分白打[7]钱。

紫陌(mò)[8]乱嘶红叱(chì)拨[9]，绿杨高映画秋千[10]。

游人记得承平[11]事，暗喜风光似昔年。

【注释】

1. 蚤：同“早”。
2. 可堪：哪堪，如何经受得了。堪，能承受。
3. 芊芊：草木茂盛的样子。
4. 内官：太监，宦官。
5. 赐清明火：唐时惯例，宫廷在清明取榆柳火种赐给近臣贵戚。
6. 上相：本是对宰相的尊称，此处泛指大臣。
7. 白打：蹴鞠的一种玩法。
8. 紫陌：指京师郊野的道路。
9. 红叱拨：名马名。
10. 画秋千：装饰美丽的秋千。
11. 承平：指太平之时。

寒食[1]野望吟

［唐］白居易

丘墟(xū)[2]郭门[3]外，寒食谁家哭。

风吹旷野纸钱飞，古墓累累[4]春草绿。

棠梨花映白杨树，尽是死生离别处。

míng mò
冥寞[5]重泉[6]哭不闻，萧萧[7]暮雨人归去。

【注释】

1. 寒食：节日名，在清明前一日。古人从这一天起，3 天不生火做饭，所以叫寒食。有的地区清明叫寒食。

2. 丘墟：坟墓。

3. 郭门：外城城门。郭，外城。

4. 累累：重积的样子。

5. 冥寞：阴间。

6. 重泉：黄泉，九泉，是人死后的归处。

7. 萧萧：象声词，指雨声。

破阵子[1] · 春景

［宋］晏殊

燕子来时新社[2]，梨花落后清明。池上碧苔（tái）[3]三四点，叶底黄鹂一两声。日长飞絮[4]轻。巧笑[5]东邻女伴，采桑径里逢迎[6]。疑怪[7]昨宵春梦好，元是今朝斗（dòu）草[8]赢。笑从双脸[9]生。

【注释】

1. 破阵子：词牌名，原为唐教坊曲名。

2. 新社：社日是古代祭祀土地神的日子，以祈丰收，有春秋两社。新社即春社，时间在立春后、清明前。

3. 碧苔：碧绿色的青苔。

4. 飞絮：飘荡着的柳絮。

5. 巧笑：形容少女美好的笑容。

6. 逢迎：碰头，相逢。

7. 疑怪：诧异，奇怪。这里是“怪不得”的意思。

8. 斗草：古代妇女的一种游戏，也叫“斗百草”。

9. 双脸：指脸颊。

清　明

［宋］黄庭坚

佳节清明桃李笑[1]，野田荒冢(zhǒng)只生愁。

雷惊天地龙蛇蛰(zhé)[2]，雨足郊原草木柔。

人乞祭余骄妾妇[3]，士甘焚死不公侯[4]。

贤愚千载知谁是，满眼蓬蒿(péng hāo)[5]共一丘[6]。

【注释】

1. 桃李笑：用拟人手法形容盛开的桃花、李花。

2. 蛰：动物冬眠。

3. 人乞祭余骄妾妇：《孟子》中提到，齐国有一人每天外出向扫墓者乞讨祭祀后留下的酒饭，回家后却向妻妾夸耀是别人请自己吃饭。此处为诗人借用典故讽刺追求富贵的权贵。

4. 士甘焚死不公侯：借用春秋时介子推宁愿被烧死也不愿再出仕的典故。这里是诗人自况。

5. 蓬蒿：杂草。

6. 丘：指坟墓。

二、朗朗上口

在了解诗文背景的基础上，借助标记符号朗诵诗文。参照相应的朗诵录音，不断提升自己的诵读水平。初期可以跟随录音诵读。

1　长安清明

【作者生平】

韦庄（约836—910），唐末五代诗人、词人。字端己，长安杜陵（今陕西西安东南）人。少孤贫，才敏过人。广明元年（880）他在长安应举，适值黄巢军攻占长安，未能逃走，直到中和二年至三年间（882—883）始得逃往洛阳，作《秦妇吟》。乾宁元年（894）再试及第，任校书郎，已年近60。天复元年（901），他被聘为西蜀掌书记。天祐四年（907），朱全忠灭唐建梁，韦庄亦劝王建称帝，建立蜀国，史称前蜀。后官至吏部侍郎同平章事。其词语言清丽，感情率真，多写闺情离愁和游乐生活。与温庭筠齐名，并称“温韦”。著有《浣花集》。

【写作背景】

唐僖宗广明元年（880），黄巢农民起义军攻陷长安；光启元年（885），李克用又进逼京师。经过多年的战乱，长安城早已满目疮痍。唐昭宗景福二年（893）至乾宁元年（894），韦庄在长安应进士试。这首诗就是在这一时期所作。家国多难、战乱频仍、举世纷扰之际，清明时节的长安依然歌舞升平，达官贵人耽于享乐，思之令人感伤。诗人用冷峻的目光，看似闲淡地刻画长安城清明时节热闹如昔、游人如织的欢快场面，实则暗含着深沉的讽刺、斥责之意。游人之喜乐，愈加反衬出诗人“伤时伤世复伤心”的悲郁之情。

【朗读指导】

长安清明

蚤是｜伤春｜梦雨天，	平调。点出淡淡的伤春情绪。
可堪｜芳草｜更芊芊。	平调。
内官｜初赐｜清明火，	升调。描写宫中过清明节的景象。“初”字暗示了此时动乱刚定。
上相｜闲分｜白打钱。	降调。
紫陌｜乱嘶｜红叱拨，	平调。描写宫外热闹的游春景象。
绿杨｜高映｜画秋千。	降调。
游人｜记得｜承平事，	升调。悲郁的。
暗喜｜风光｜似昔年。	降调。悲郁的。国家动荡不安，游人却似往年一样热闹和欢乐，诗人看到后更加忧愁。

2　寒食野望吟

【作者生平】

略。

【写作背景】

清明扫墓之风在唐代十分盛行，人们会在寒食节到清明节这几天，祭扫坟茔，慎终追远。开元二十四年（736），唐玄宗下达诏令，将扫墓祭祀活动编入“五礼”，使得清明扫墓活动更加深入人心。白居易的《寒食野望吟》诗就描写了寒食扫墓的情形。旷野苍茫，古墓累累，凄风劲吹，纸钱纷飞，黄土之上，人在哭泣，九泉之下的亲人却寂静无声。全诗道尽生离死别的苦痛。

【朗读指导】

寒食野望吟

诗句	朗读指导
丘墟｜郭门外，	平调。描写扫墓场景。
寒食｜谁家哭。	平调。
风吹｜旷野｜纸钱飞，	升调。
古墓｜累累｜春草绿。	降调。
棠梨｜花映｜白杨树，	平调。悲伤。
尽是｜死生｜离别处。	降调。悲伤。
冥寞｜重泉｜哭不闻，	升调。悲伤。
萧萧｜暮雨｜人归去。	降调。悲伤。

3　破阵子·春景

【作者生平】

略。

【写作背景】

古时，每年在春秋时节，人们会祭祀土地神。这两次祭祀土地神的日子叫春社和秋社。古人尤重春社，邻里聚会，酒食分享，赛会欢腾，非常热闹。古代女子在社日和清明时节可以停止劳作，做一些斗草、荡秋千之类的游戏。这首词就是以春社为背景所写。归来的燕子、飘落的梨花、池上的碧苔、清脆的鸟啼，映衬着笑靥如花的少女，让人感受到春天的生机勃勃和青春的无限美好。

【朗读指导】

破阵子·春景

词句	朗读指导
燕子｜来时｜新社，	平调。展示了一幅清明时节到处春意盎然、生机勃勃的画面。
梨花｜落后｜清明。	升调。
池上｜碧苔｜三四点，	平调。
叶底｜黄鹂｜一两声。	升调。
日长｜飞絮｜轻。	升调。
巧笑｜东邻｜女伴，	升调。描绘了少女们在美好的春光里愉快聊天的情景。
采桑｜径里｜逢迎。	平调。
疑怪｜昨宵｜春梦好，	升调。

元是｜今朝｜斗草赢。	升调。
笑｜从｜双脸生。	平调。

4 清 明

【作者生平】

黄庭坚（1045—1105），北宋诗人、书法家。字鲁直，号山谷道人、涪翁，洪州分宁（今江西修水）人。自幼好学，博览经史百家。治平进士。开创了江西诗派，被尊为江西诗派“三宗”（三宗为黄庭坚、陈师道、陈与义三人）之首。又能作词。著有《山谷集》。

【写作背景】

本首诗作于北宋末年的“元祐党争”时期（1086—1094）。王安石主持变法时推行新政措施，朝廷形成了支持变法的“新派”和反对新政的“旧派”。旧派也被称为“元祐党人”，其中包括大文豪苏轼、司马光等人。黄庭坚因与苏轼交好，也略受牵连。这是诗人触景生情之作，通篇运用对比手法，抒发了人生无常的慨叹。诗人看到大自然的一片生机，想到的却是人世间不可逃脱的死亡的命运，表达了一种消极虚无的思想，悲凉的情绪流溢于诗行间，这与诗人一生政治上的坎坷以及禅宗思想是分不开的。

【朗读指导】

清 明

佳节｜清明｜桃李笑，	平调。描绘了一幅清明时节桃红李白的美景。
野田｜荒冢｜只生愁。	降调。与前句喜人的景象形成鲜明对比。
雷惊｜天地｜龙蛇蛰，	平调。展现清明时节万物苏醒的情景。
雨足｜郊原｜草木柔。	降调。
人乞｜祭余｜骄妾妇，	平调。通过两个典故展现了两种活法。
士甘｜焚死｜不公侯。	平调。
贤愚｜千载｜知谁是，	升调。“知谁是”的反问中，浸透着诗人的一丝愤懑。
满眼｜蓬蒿｜共一丘。	降调。发出慨叹。

三、娓娓道来

1. 教材“博观约取”里介绍了清明节以及相关习俗。除了课本里的诗词，你还知道哪些关于清明的诗词吗？请摘抄 1~2 首并分享阅读感受。

2. 清明是一个悲喜皆俱的日子，人们既礼赞万物复苏，又悼念逝者。请查阅资料，说说清明节的起源和发展过程。

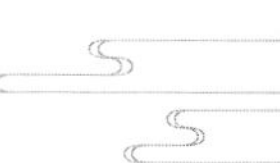

3. 清明节是中华民族的传统节日，也是祭祖和扫墓的日子。而 2020 年的清明，却因一场突如其来的疫情，变得与往年不一样。为表达全国各族人民对在抗击新冠肺炎疫情斗争中逝世同胞、烈士的深切哀悼，国务院发布公告，决定于 2020 年 4 月 4 日举行全国性哀悼活动。此期间，全国和驻外使领馆下半旗志哀，全国停止公共娱乐活动。4 月 4 日 10 时起，全国人民默哀 3 分钟，汽车、火车、舰船鸣笛，防空警报鸣响。请查阅你所在地区在抗击新冠肺炎疫情斗争中牺牲的烈士的事迹，并给同学们讲述。

四、跃跃欲试

（一）实践目标

传统节日清明节既是一个扫墓祭祖的肃穆节日，也是人们亲近自然、踏青游玩、享受春天乐趣的欢乐节日。在传统节日习俗日渐被现代文明冲击的今天，广东人的清明节习俗也悄然发生了变化。

（二）实践过程

1. 了解所在地区清明节习俗（含饮食习俗）及其新变化。
2. 通过文字或视频的形式，在微信朋友圈等新媒体平台介绍当地清明节习俗及其新变化。
3. 可以自由组成不超 5 人的小组共同完成，也可 1 人独立完成。

（三）实践成果

介绍当地清明节习俗及其新变化的文字或视频。

五、款款临风

请完成以下字帖描红。

长安清明

［唐］韦庄

蚤是伤春梦雨天，

可堪芳草更芊芊。

内官初赐清明火，

上相闲分白打钱。

紫陌乱嘶红叱拨，

绿杨高映画秋千。
游人记得承平事，
暗喜风光似昔年。

寒食野望吟

［唐］白居易

丘墟郭门外，
寒食谁家哭。
风吹旷野纸钱飞，
古墓累累春草绿。
棠梨花映白杨树，
尽是死生离别处。
冥寞重泉哭不闻，
萧萧暮雨人归去。

破阵子·春景

［宋］晏殊

燕子来时新社，梨花落后清明。
池上碧苔三四点，叶底黄鹂一两声。

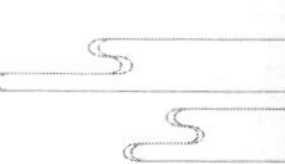

日长飞絮轻。

　　巧笑东邻女伴，采桑径里逢迎。疑怪昨宵春梦好，元是今朝斗草赢。笑从双脸生。

清明

［宋］黄庭坚

佳节清明桃李笑，
野田荒冢只生愁。
雷惊天地龙蛇蛰，
雨足郊原草木柔。
人乞祭余骄妾妇，
士甘焚死不公侯。
贤愚千载知谁是，
满眼蓬蒿共一丘。